나는
컴퓨팅 사고력 ⬆UP
문제 해결력 ⬆UP

뉴마이크로비트 V2

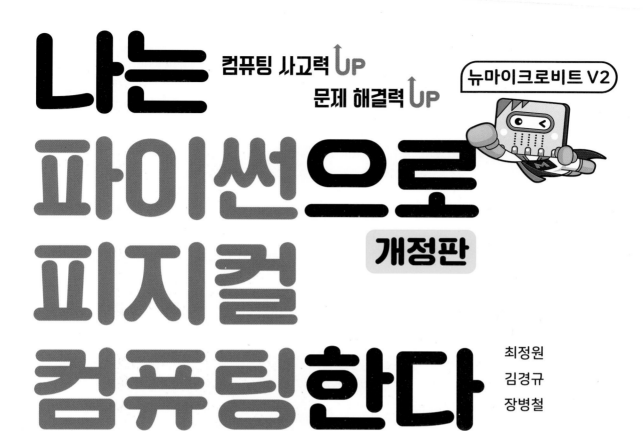

파이썬으로
피지컬
컴퓨팅한다

개정판

최정원
김경규
장병철

복잡한 회로 구성법을 몰라도!
다양한 장치를 자유자재로 다루면서!
저절로 알게 되는 **피지컬 컴퓨팅 원리!**
파이썬으로 해결할 수 있습니다

씨마스

나는 파이썬으로 피지컬 컴퓨팅한다 뉴마이크로비트 개정판

초판발행 2019년 12월 1일
3판 2쇄 2024년 7월 1일

지 은 이 최정원, 김경규, 장병철
펴 낸 이 이미래
펴 낸 곳 (주)씨마스
주   소 서울특별시 강서구 강서로33가길 78 씨마스빌딩
등록번호 제2021-000078호
내용문의 02)2274-1590~2 | 팩스 02)2278-6702

편   집 권소민, 서경숙, 허진영, 박별
디 자 인 표지: 이기복, 내지: 이미라
마 케 팅 김진주

홈페이지 www.cmass21.co.kr | **이메일** cmass@cmass21.co.kr

이 책에 대한 의견이나 잘못된 내용에 대한 수정 정보는 (주)씨마스 홈페이지나 이메일로 알려 주시기 바랍니다.
잘못된 책은 구매처 또는 본사에서 교환해 드립니다.

I S B N 979-11-5672-476-6

마이크로비트 교구는 별도 판매
또는 교재와 세트로 판매합니다.
구 매 처 T. 02) 2274-1590~2
홈페이지 cmassedumall.com

나는
파이썬으로
피지컬
컴퓨팅한다

컴퓨팅 사고력 UP
문제 해결력 UP

뉴마이크로비트 V2

개정판

최정원
김경규
장병철

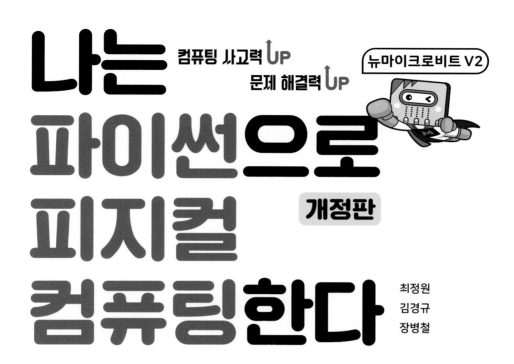

파이썬과 뉴마이크로비트로
다양한 과제를 어떻게 해결해 나가는지
함께 경험해 볼까요?

씨마스

이 책을 내며

프로그래밍은 상상을 현실로 만드는 마법과 같은 도구입니다. 세상의 많은 물리적인 장치들이 자동으로 작동하도록 만드는 도구이기도 합니다. 프로그래밍과 물리적인 장치가 결합할 때 아이디어만 있다면 만들어내지 못할 것이 없습니다.

그런데 물리적인 장치들을 제어하는 프로그래밍을 의미하는 피지컬 컴퓨팅을 처음 배우게 되면 난감한 경우가 많습니다. 프로그래밍도 익숙하지 않은데 새로운 장치의 명칭과 원리도 알아야 하고, 이 장치들을 제어하기 위한 회로까지 설계해야 하니까요. 게다가 책에 등장하는 설명도 너무나도 길고 많습니다.

본 책은 이러한 문제들을 개선하여 많은 학생과 선생님들이 한눈에 이해하기 쉽고 혼자서도 학습할 수 있도록 핵심 내용 중심의 친절하고 간단한 설명, 이해하기 쉬운 그림으로 구성되어 있습니다.

또한 중·고등학교 현장에서 경험이 많은 정보 선생님들이 어떻게 하면 쉽고 재미있게, 효과적으로 가르칠 수 있을지 10여 년 이상 고민해 온 노하우를 바탕으로 만들어진 책입니다.

텍스트 기반 프로그래밍 언어 중 문법이 까다롭지 않아 배우기 쉬운 파이썬을 프로그래밍 언어로 선정하고, 여러 가지 센서 및 액추에이터가 내장된 마이크로비트를 활용함으로써 회로 설계에 대한 부담을 최소화하였습니다.

센서와 액추에이터 등 물리적인 입출력 장치의 작동을 제어하는 기초 내용뿐 아니라, 실생활 속의 다양한 문제를 해결하기 위한 피지컬 장치를 제작하는 응용 부분까지 모두 담아 관심 있는 초중등학생뿐 아니라 고등학교 정규 수업, 동아리 활동 그리고 각 가정에서도 혼자서도 충분히 학습할 수 있도록 구성하였습니다.

이 책을 학습하고 난 후, 여러분의 창의력과 컴퓨팅 사고력이 많이 성장해 있기를 기원합니다.

저자 일동

이 책은
누가 쓰셨나요?

최정원 상인천중학교 정보 교사

교육학 박사(정보영재교육 전공)
한국정보교사연합회 부회장
한국컴퓨터교육학회 부회장
제주대학교 지능소프트웨어교육센터 전임 연구원
2022개정 정보과 교육과정 각론 연구진
2015개정 중 · 고등학교 정보, 중학교 인공지능과 미래 사회, 문제 해결과 프로그래밍, 고등학교 인공지능 기초 교과서 집필
삼성, 한국과학창의재단, 한국교육학술정보원 SW · AI 교사 연수 강사
EBS 쉽게 배우는 중학 AI, 학교에서 만나는 인공지능 수업, 구리 테이프로 꾸미는 디지털 아트 등 다수의 SW/AI 교재 집필
KISDI 중학교 인공지능 윤리 (체험 중심) 교재 개발

김정규 포항제철중학교 정보 교사

컴퓨터교육 & 컴퓨터과학 박사(공학 박사)
경상북도교육청 SW · AI 교육 교사연구회 경북동부회장
교육부 소프트웨어와 함께하는 창의력 여행 교재 개발 위원
교육부 & 한국교육학술정보원 중등 정보교사 연수 기획 및 강의
2015개정 중학교 정보 교과서 집필
교육부 & 경상북도교육청 중학교 앱과 코딩 교과서 집필
교육부, 한국과학창의재단 「인공지능(AI)교육 선도학교 가이드북/QnA북」 집필
경상북도교육청 SW · AI 교육 및 메이커 교육 컨설팅 위원
경상북도교육청 & 연수원 SW · AI 교육 및 에듀테크, 메타버스관련 직무연수 강사
AI 교육 선도 학교, SW 교육 중점 학교, 모델학교 연구 주무
다수의 정보 교육 및 영재 교육에 대한 연구 논문 발표

장병철 한양대학교 컴퓨테이셔널 사회과학 연구 센터 연구교수

이화여자대학교 AI 융합교육대학원 초빙교수
서울대학교 사범대학 컴퓨터 개념 및 실습 담당/선린인터넷고등학교 교사
컴퓨터공학 박사(인공지능 전공)
국가역량표준(NCS) 로봇 소프트웨어 개발 위원/국가역량표준(NCS) 인공지능 심의 위원
2015개정 고등학교 프로그래밍, 전자 회로, 컴퓨터 구조, 인공지능과 미래 사회, 인공지능 기초 교과서 집필
서울시교육청 1급 정교사 자격 연수 강사
교육부 & 인텔 청소년 AI 교육과정 시범학교 운영 담당
한국교육학술정보원(KERIS) 인공지능(AI) 이해를 위한 SW교육 체험 프로그램 개발 위원
정보통신산업진흥원(NIPA) 개발도상국 ICT 전문가 초청 교육 강사
고등학교 인공지능과 미래 사회, 인공지능 기초 교육과정 편성 위원

이 책의 구성

프로젝트 기본 소스 코드와
내 실력 키우기_UP 소스 코드는
출판사 홈페이지에서 제공합니다.

1단계 무엇을 만들까?

생각 열기

학생들이 쉽게 생각해 볼 수 있는
내용을 삽화로 제시하였습니다.

해결할 과제 확인

프로젝트에서
해결할 과제를 확인합니다.

2단계 어떤 부품을 사용할까?

부품 관찰

프로젝트에서 사용하는 부품의
위치와 기능을 알아봅니다.

회로 구성

기존 마이크로비트 구성과 외부 장치 회로 구성
에 필요한 핀 연결과 제작 방법을 제시합니다.

제1부	제2부	제3부
파이썬과 친해지기	마이크로비트와의 만남	파이썬으로 배우는 피지컬 컴퓨팅

전체 소스 코드

3단계 어떻게 프로젝트를 만들까?

알고리즘

프로그래밍 전에 자연어와 순서도로 알고리즘을 표현해 봅니다.

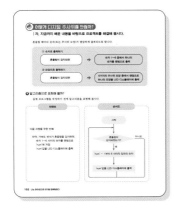

프로그램 작성

프로그램을 작성하고 업로드해 보면서 명령어를 익힙니다.

4단계 결과를 확인해 볼까?

결과 확인

프로그램을 실행하여 하드웨어 결과와 오류 발생 여부를 확인합니다.

내 실력 키우기 UP

프로그램을 보완 또는 개선해 보고, 정답은 QR 코드로 확인합니다.

이 책의 차례

우리는 이 책으로 무엇을 배울까요?
파이썬과 뉴마이크로비트가 만나서 어떤 작품을 만들어 낼까요?

제1부 : 파이썬과 친해지기

1. 파이썬이란? ··· 11
2. 이 책에 사용할 명령어 소개 ································· 12
3. 마이크로파이썬 편집기 사용법 ························· 20

제2부 : 마이크로비트와의 만남

1. 마이크로비트란? ··· 27
2. 뉴마이크로비트 구성 살펴보기 ··············· 28
3. 마이크로비트 장치와 성취기준 ················· 30
4. 피지컬 컴퓨팅 ··· 31

다양한 센서와 액추에이터가 내장된
뉴마이크로비트로 좀 더 편하고 재미있게
활동해 보세요.

제3부 : 파이썬으로 배우는 피지컬 컴퓨팅

PROJECT 01 나만의 이모티콘 34

PROJECT 02 그림 신호등 42

PROJECT 03 응원 전광판 50

PROJECT 04 자동 밝기 조절등 58

PROJECT 05 스마트 교통 신호등 64

PROJECT 06 음악 연주 72

PROJECT 07 내 마음을 전하는 카드 80

PROJECT 08 소리 감응 얼굴 86

PROJECT 09 폭염 알림이 92

PROJECT 10 모스 부호 통신기 98

PROJECT 11 무선 센서 장치 106

PROJECT 12 스마트 선풍기 116

PROJECT 13 내 맘대로 선풍기 124

PROJECT 14 풍선 드론 132

PROJECT 15 애벌레 로봇 142

PROJECT 16 디지털 주사위 150

PROJECT 17 자동 낙하산 158

PROJECT 18 전자 나침반 166

PROJECT 19 크리스마스트리 172

PROJECT 20 춤추는 LED 180

PROJECT 21 거리 측정기 188

데이터 기록기 만들기 196

파이썬에 내장된 이미지 199

제1부

파이썬과 친해지기

1 파이썬이란? ·· 11

2 이 책에 사용할 명령어 소개 ······················ 12

3 마이크로파이썬 편집기 사용법 ···················· 19

'파이썬(Python)'은 네덜란드 프로그래머인 귀도 반 로섬(Guido van Rossum)이 만든 언어로, 초보자부터 전문가까지 다양한 사람들이 사용하는 텍스트 기반 프로그래밍 언어입니다. 여기서 텍스트 기반 프로그래밍 언어란 텍스트로 이루어진 명령어를 이용하여 프로그램을 작성하는 언어를 말합니다.

왜 파이썬일까요?

파이썬은 문법이 간결하여 배우기 쉽고 결과를 바로 확인할 수 있는 대화식 언어로 초보자도 쉽게 배울 수 있습니다. 명령문은 들여쓰기로 구분하여 프로그래밍 구조를 이해하는 데 도움이 됩니다. 또한 풍부한 라이브러리를 제공하기 때문에 다른 언어에 비해 프로그램을 더욱 간결하고 빠르게 작성하여 다양한 용도로 활용하기도 좋습니다.

그렇다면 라이브러리란 무엇일까요?

프로그래밍할 때 많이 사용하는 기능들을 미리 만들어 저장한 것으로, 사용자가 원하는 기능을 바로 사용할 수 있어 편리합니다. 예를 들어, 최댓값을 구하는 프로그래밍에서 미리 만들어 놓은 'max( )'를 이용하면 쉽게 최댓값을 구할 수 있습니다.
이처럼 파이썬은 쉽고 강력하여 전 세계적으로 중·고등학교나 대학의 기초 컴퓨터 수업에서 많이 사용되고 있습니다. 최근에는 데이터 분석, 인공지능 분야뿐만 아니라 웹 개발, 데이터 분석, 머신러닝, 그래픽, 학술 연구 등 여러 분야에서 활용되고 있습니다.

이제 초보자도 쉽게 배울 수 있는 파이썬 언어로 피지컬 컴퓨팅을 더욱 쉽게 배우면서 나만의 작품을 만들어 다른 학생들과 공유해 보세요!

이 책에서 만나게 되는 총 21개의 프로젝트에 사용할 명령어를 미리 소개합니다. 명령어 오른쪽에 쓰인 내용(예 PRO.01)은 해당 프로젝트 번호이니, 각 프로젝트 활동 시 참고하세요.

from microbit import *

• microbit 모듈로부터 마이크로비트를 제어하는 모든 명령 호출, 모든 프로젝트에 사용함.

Image("00900:09990:00900:09990:09090")

• LED 디스플레이에 출력할 이미지를 사용자가 정의함.
 0~9까지의 값으로 25개 LED의 밝기 제어(0은 꺼진 값, 9는 가장 밝게 켜진 값)

> 예 Image("09090:99999:99999:09990:00900")
>
>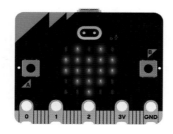

display.show(이미지 객체)

• 이미지 객체를 마이크로비트의 LED 디스플레이에 출력

> 예1 display.show(Image.HAPPY): 내장된 HAPPY 이미지 출력
> 예2 candle = Image("00900:09990:00900:09990:09090")
>   display.show(candle):

display.show(리스트명, loop = True, delay = 밀리초)   PRO.01, 03

• 이미지나 글자, 숫자가 들어 있는 리스트에서 지정한 밀리초만큼 대기 시간을 가지고 한 이미지씩 차례대로 마이크로비트의 LED 디스플레이에 출력(1밀리초 = 1/1000초)

> 예 various_list = ["Hi, Python", Image.HAPPY, 12345]
>   display.show(various_list, loop = True, delay = 100)
>   : various_list의 "Hi, Python", HAPPY 이미지, 12345를 0.1초(100밀리초) 간격으로 차례대로
>   마이크로비트 LED 디스플레이에 출력

while True:

- 참(True)인 동안 반복, 즉 무한 반복

for 변수 in range(start, stop, step):

- 변수를 start부터 시작하여 stop−1(stop보다 1작은 수)이 될 때까지 step만큼 증가시키면서 다음 명령을 실행함.

for 변수 in range(숫자):

- 변수를 0부터 시작하여 숫자보다 1작은 수가 될 때까지 반복

sleep(밀리초)

- 제시된 밀리초만큼 지연(대기), 1000일 때 1초

버튼명.is_pressed( )　　　PRO.03

- 버튼명(button_a 또는 button_b)의 버튼이 눌려져 있는지 확인하여 True/False로 반환하는 함수

display.scroll(출력 내용)　　　PRO.03

- 마이크로비트 LED 디스플레이에 출력 내용이 오른쪽에서 왼쪽으로 흘러가게 출력

display.clear( )

- 마이크로비트 LED 디스플레이에 아무것도 출력하지 않음.

level = display.read_light_level( )

- LED 디스플레이에 비춰지는 빛의 밝기(0~255)를 읽어 level 변수에 반환

핀번호.write_digital(0/1)　　　PRO.05

- 해당 핀번호(마이크로비트 하단의 번호)에 연결된 장치를 ( ) 안이 1이면 작동, 0이면 작동시키지 않음.

> 예 pin0.write_digital(1): 0번핀에 연결된 장치에 전류를 흘려 (1) 작동시키기

import music PRO.07

• 음악 연주와 관련 있는 모든 명령을 사용하기 위한 모듈 호출

핀번호.read_analog( ) PRO.03

• 핀번호에 연결된 장치로부터 값을 읽어 들임.

music.play(리스트명) PRO.06

• ( ) 안 '리스트명'에 저장된 음악 연주함.

import speech PRO.07

• 말하기 모듈 호출

NOTE[octave][:duration] PRO.07

• 해당 음계(NOTE)를 해당 옥타브(octave)로 지속 시간(duration) 동안 연주

speech.say("baby shark", speed=120, pitch=100, throat=100, mouth=200) PRO.07

• speech 모듈의 say 메서드를 사용하여 음성 출력, 범위는 0~255
• speed=말하는 속도, pitch, 음성 사운드의 높낮이, throat=음색의 편안함, mouth=음성 정확도를 나타냄.

music.play(music.멜로디) PRO.07

• music 모듈에 내장된 멜로디 재생

temp = temperature( ) PRO.09, 11

• microbit의 온도 센서로 읽어 들인 섭씨 온도를 변수 temp에 저장

radio.on( ) PRO.10

• 다른 마이크로비트와 통신하기 위하여 라디오 켜기

radio.send('dot') PRO.10

• 라디오 기능을 이용하여 다른 마이크로비트에 'dot'라는 문자열 신호 전송

break

- break문이 속한 반복문 종료

button_a.was_pressed( )

- A버튼을 (과거에) 눌렀었는지 확인
- 누르면 1 반환

변수 = radio.receive( )   PRO.10, 11

- 라디오 센서를 통해 수신된 문자열 신호를 '변수'에 문자 속성으로 저장

> 예 result = radio.receive( )
>   라디오 센서로 받은 문자열 신호를 result 변수에 저장

radio.send(str(변수))   PRO.11

- 변수에 저장된 값을 문자열로 바꿔 라디오 전송
- str( ): 괄호 안의 내용을 str(string, 문자열) 문자열 형식으로 변환

> 예 radio.send(str(temp))
>   temp변수에 저장된 값을 문자열로 바꿔 라디오 전송

센서변수.read_digital( )

- 센서변수가 가리키는 장치로부터 작동이 감지되면 1 반환, 아니면 0 반환

pir_sensor.read_digital( )

- pir_sensor: pin0이 저장되어 있어 0번핀의 값이 HIGH이면 1을 반환하고, LOW이면 0을 반환
- 동작 감지 센서(PIR)는 동작이 감지되었을 때 1을 반환하고, 동작이 감지되지 않으면 0을 반환

장치변수.write_analog(1023)   PRO.12, 15

- 장치변수에 연결된 장치에 PWM 신호(모터의 경우 0~1023) 출력

> 예 motor.write_analog(1023)
>   motor 변수에 저장된 장치에 PWM 신호 출력, 범위는 0(0%)~1023(100%)

변수 = 핀번호.read_analog( )　　　PRO.13

- 핀번호에 연결된 장치에서 아날로그 값(가변 저항값)을 읽어 들여 변수에 저장

int( )

- 괄호 안의 값을 정수형으로 변환

> 예 int('123')
> 　문자열 123을 숫자 123으로 변환

핀번호.set_analog_period(밀리초)　　　PRO.15

- 핀번호에 연결된 장치에 출력되는 PWM 신호 주기를 제시된 밀리초로 설정

> 예 pin0.set_analog_period(20)
> 　0번핀에 연결된 장치에 출력되는 PWM 신호 주기를 20ms로 설정

accelerometer.get_x( )
accelerometer.get_y( )
accelerometer.get_z( )　　　PRO.16

- 각각 가속도 센서의 X축, Y축, Z축 값을 반환

accelerometer.was_gesture(동작의 종류)　　　PRO.16

- 가속도 센서가 "동작의 종류"로 동작을 했는지 확인하고 참(True) 또는 거짓(False)을 출력
- 동작의 종류: up(로고 하늘 방향), down(로고 땅 방향), left, right, screen up(디스플레이 하늘 방향), screen down(디스플레이 땅 방향), free fall(자유 낙하), 3g, 6g, 8g(가속도), shake(흔들기)

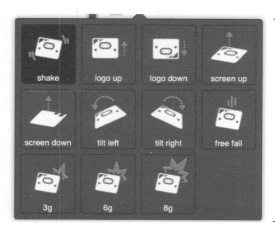

동작의 종류

변수 = random.randint(숫자1, 숫자2)

- random 모듈의 randint 명령을 이용하여 임의의 정수를 선정한 후 변수에 저장
- randint(숫자1, 숫자2): 숫자1과 숫자2 사이에 임의의 정수를 선정함.

import random

- 난수를 생성하는 모든 명령을 사용하기 위한 난수(random) 모듈 호출

random.choice(리스트명)

- 리스트에 있는 자료에서 임의의 자료를 변환

compass.is_calibrated( )

- 나침반의 보정이 완료되었으면 True, 그렇지 않으면 False 반환

변수 = compass.heading( )   PRO.18

- 북쪽을 기준으로 0을 잡고 0~360도 범위의 정숫값을 변수에 반환

compass.calibrate( )   PRO.18

- 나침반 보정을 시작하는 명령

display.read_light_level( )   PRO.19

- 디스플레이 LED에 있는 빛센서로 밝기 값을 측정
- 빛 센서값은 0~255까지의 값으로 반환

len( )   PRO.19

- 괄호 안의 변수에 저장된 값의 길이

import neopixel   PRO.20

- 네오픽셀을 제어하는 모든 명령을 사용하기 위한 네오픽셀(neopixel) 모듈 호출

from random import randint   PRO.20

- random 모듈에서 사용하고자 하는 randint 명령 호출

변수 = randint(시작, 끝)

- 시작 값 ~ 끝 값 사이의 임의의 정수를 선정하여 변수에 저장

네오픽셀 제어 변수 = neopixel.NeoPixel(핀번호, LED 사용 개수)   PRO.20

- 네오픽셀을 마이크로비트의 '핀번호'로 연결하여 제어하며, LED 사용 개수만큼 LED 사용

네오픽셀 제어 변수.clear( )

- 네오픽셀의 LED 모두 끄기

네오픽셀 제어 변수.show( )

- 네오픽셀의 LED 켜기


```
if 조건식1:
    문장1
elif 조건식2:
    문장2
else:
    문장3
```

- 조건식1을 만족하면 문장1을 실행, 그렇지 않고 조건식2를 만족하면 문장2를 실행, 조건식1과 조건식2 모두 거짓이면 문장3 실행

pin_logo.was_touched( ) 또는 pin_logo.is_touched( )   PRO.03

- 뉴마이크로비트의 로고에 터치가 감지되면 1을 반환하고 아니면 0을 반환함.

import audio   PRO.09

- 스피커(사운드)와 관련 있는 모든 명령을 사용하기 위한 모듈 호출
- 마이크로비트의 내장된 스피커는 0번핀에 연결되어 있음.

audio.play( ) PRO.09

- 내장된 스피커를 통해 GIGGLE, HAPPY, HELLO, MYSTERIOUS, SAD, SLIDE, SOARING, SPRING, TWINKLE 및 YAWN 등과 같은 내장된 사운드 재생

set_volume(출력 볼륨)

- 뉴마이크로비트의 스피커 출력 볼륨을 0~255 사이의 숫자로 설정할 수 있음.

speaker.off( )

- 내장 스피커 끄기

speaker.on( )

- 내장 스피커 켜기

변수 = microphone.sound_level( ) PRO.08

- 내장된 마이크로폰을 통해 입력된 소리의 세기(크기)가 0~255 사이의 정숫값으로 이 값을 변수에 반환
- 소리의 세기가 0이면 가장 조용하고, 255이면 가장 시끄러운 정도임.

> 예 sound = microphone.sound_level( )
> display.scroll(sound)
> 소리의 세기를 디스플레이에 표시함.

microphone.current_event( ) == SoundEvent.LOUD

- 현재 마이크로폰으로 입력받은 소리가 시끄러운가를 판단하는 식

microphone.current_event( ) == SoundEvent.QUIET

- 현재 마이크로폰으로 입력받은 소리가 조용한가를 판단하는 식

💡 micro:bit에서 제공하는 온라인 파이썬 편집기의 사용법을 알아봅시다.

micro:bit에서 제공하는 파이썬 편집기는 텍스트 기반 프로그래밍을 할 수 있도록 설계되었으며, 이 파이썬 편집기는 https://python.microbit.org/로 바로 접속할 수 있습니다.

① 먼저 파이썬 편집기의 화면 구성을 살펴보도록 하겠습니다.

▲ micro:bit 파이썬 편집기

❶ 참조, 아이디어, API

참고(Reference) 메뉴에서는 마이크로비트 장치를 소프트웨어로 제어하기 위해 필요한 문법의 사용법을 제공하고, 아이디어 메뉴는 마이크로비트 장치로 제작한 미니프로젝트에 대한 자세한 설명과 코드를 확인할 수 있습니다. 그리고 API 메뉴에서는 마이크로파이썬에서 사용되는 특수 명령어들에 대한 API를 살펴보고 예제 코드는 내가 원하는 부분의 코드만 수정하여 마우스로 드래그 앤 드롭하여 바로 적용할 수 있게 되어 있습니다.

❷ 코드 편집창

직접 코딩하는 곳으로, 명령어에 색깔을 넣어 파이썬 프로그램의 구조를 좀 더 명확하게 알 수 있게 하며, 헷갈릴 수 있는 들여쓰기 부분을 명확한 선으로 표현해 주어 디버깅에 도움을 주고 있습니다. 또한 코드 자동완성 기능이 있습니다. 코드의 문법이 틀렸을 경우 빨간색 동그라미(●)로 코드 라인을 표시하고 오류 난 부분은 삼각형(▲)으로 표시해 주고 있어 오류 부분을 눈에 띄게 알려 주어 빠르게 찾아 고칠 수 있는 장점이 있습니다. 또한 오류의 발생 이유와 그 해결책까지 친절하게 안내하고 있습니다.

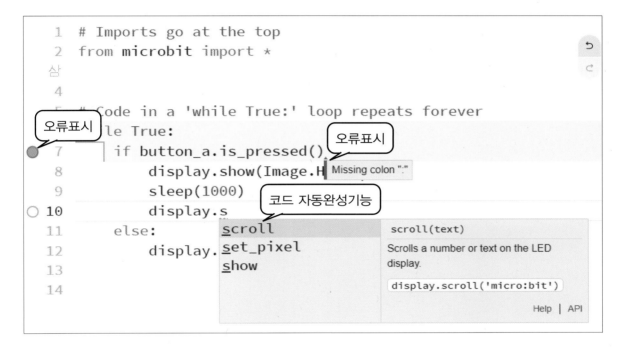

❸ 가상 시뮬레이터

마이크로비트 장치가 없어도 내가 만든 프로그램을 가상으로 테스트할 수 있는 부분입니다.

다음 페이지에서 마이크로비트 장치에 업로드하는 방법을 알아보세요.

② 마이크로비트 장치와 파이썬 편집기 연결, 저장, 열기 등을 알아봅시다.

❶ 장치 연결하여 코드를 실시간 업로드

작성한 코드를 바로 장치에 업로드하는 방법입니다. 그러기 위해선 먼저 노트북이나 PC와 케이블을 연결합니다. 그리고 아래처럼 해당하는 마이크로비트를 선택하여 연결 버튼을 누르면 코드가 실시간 업로드되어 장치에서 바로 확인이 가능한 장점이 있습니다.

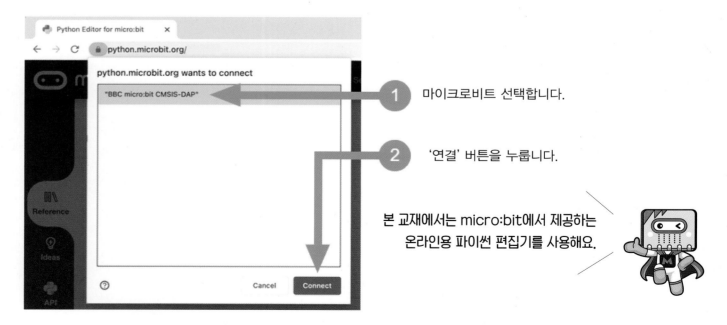

1 마이크로비트 선택합니다.

2 '연결' 버튼을 누릅니다.

본 교재에서는 micro:bit에서 제공하는 온라인용 파이썬 편집기를 사용해요.

❷ 파일 저장

실시간 업로드인 플래시 기능뿐만 아니라 내 컴퓨터에 파일로 저장하는 방법도 있습니다. 'Save' 버튼에는 두 가지의 저장 방법이 있습니다. 마이크로비트에 수동으로 업로드 가능한 hex 파일과 마이크로파이썬 소스 코드를 py 파일로 저장이 가능합니다.

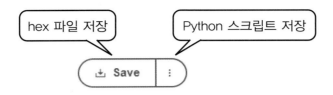

플래시 기능으로 마이크로비트에 프로그램을 업로드하는 방법뿐만 아니라 파일 저장을 통해 윈도 탐색기의 다운로드 폴더에 저장된 파일을 끌어 이동 디스크(예 MICROBIT(F:))에 넣으면 프로그램이 업로드됩니다. 마이크로비트에 파일을 전송하면 공통적으로 일어나는 상황은 다음과 같습니다.

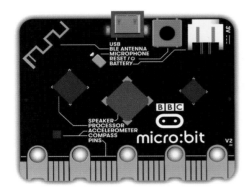

- 파일이 마이크로비트에 전송되는 동안은 뒷면의 주황색 LED가 깜빡입니다. 깜빡임이 멈출 때까지 기다리세요.
- 파일 전송이 완료되어도 탐색기에서 전송한 파일은 보이지 않습니다. 왜냐하면 숨김 파일로 지정되어 있기 때문입니다.
- 마이크로비트에는 하나의 프로그램만 저장됩니다. 새로운 프로그램을 전송하면 이전 프로그램은 사라집니다.

❸ 파일 열기

내 컴퓨터에 저장한 hex 파일이나 py 파일을 선택하여 열면 스크립트창에 내가 불러온 코드가 보입니다.

💡 **잠깐! 알고가기**

Q WebUSB 연결이 안돼요?
A 마이크로비트의 펌웨어를 최신버전으로 다시 업데이트해 봅니다.

Q 파이썬 에디터에서 마이크로비트 V1과 V2 모두 사용 가능한가요?
A 파이썬 에디터에서 마이크로비트 V1과 V2 모두 작동합니다. 하지만 마이크로비트 V2에 새롭게 추가된 스피커, 마이크 기능은 시뮬레이터에서는 작동하지만, 실제 마이크로비트 V1에서는 작동하지 않는 버전별 차이점이 있습니다.

Q 파이썬 에디터를 오프라인으로 사용할 수 있나요?
A 편집기를 로드하려면 인터넷 연결과 웹 브라우저가 필요합니다. 하지만 한번 로드하고나면 인터넷 연결이 불안정하여도 계속 작동합니다.

💡 다운로드하여 사용할 수 있는 파이썬 편집기인 'Mu' 사용법을 알아봅시다.

❶ https://codewith.mu에 접속합니다.

❷ 내 운영체제에 맞는 버전으로 프로그램 다운로드합니다.

❸ 다운로드한 'MuEditor' 프로그램을 설치합니다.

❹ 설치한 Mu 편집기는 바탕화면에 'Mu바로가기' 버튼을 생성하여 사용하도록 합니다. 사용할 모드는 'BBC micro:bit'로 선택합니다.

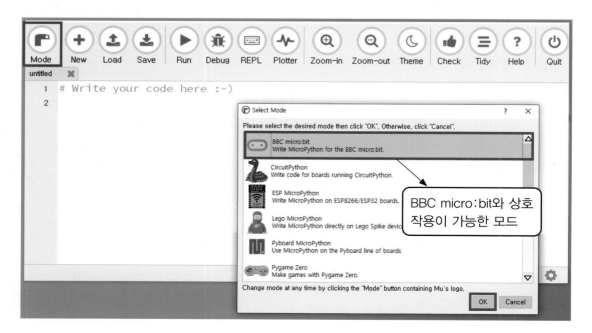

❺ 마이크로비트 사용에 필요한 주요 버튼 메뉴는 아래 적색으로 표시된 네 가지입니다.

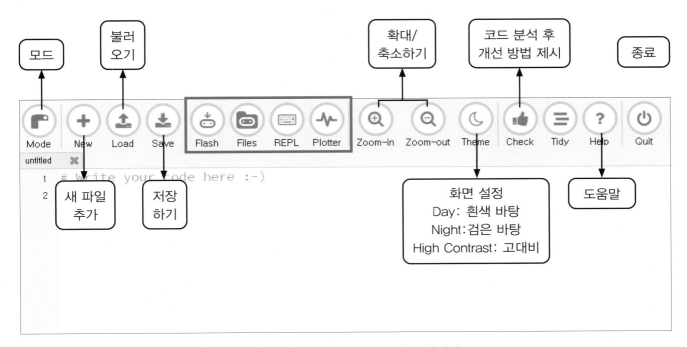

- **Flash(⊙)**: 작성한 프로그램을 마이크로비트에 업로드하는 버튼입니다.
- **Files(▣)**: 마이크로비트에 저장된 파일을 불러오거나 삭제할 때 사용합니다.
- **REPL(▦)**: 파이썬 쉘 창과 같이 즉각적으로 코딩 결과를 확인할 수 있는 창입니다.
- **Plotter(⊸)**: 마이크로비트로 읽어 들인 자료값을 그래프로 표현합니다.

❻ 코드를 작성 후 다운로드하면 윈도 탐색기의 다운로드 폴더에 파일이 생성됩니다.

❼ 이 파일을 끌어 이동 디스크 (예 MICROBIT(F:))에 넣으면 끝～! 이때 파일은 보이지 않습니다.

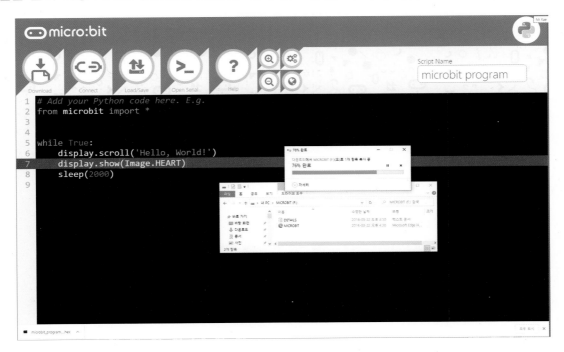

제2부

마이크로비트와의 만남

1 마이크로비트란? 25

2 뉴마이크로비트 구성 살펴보기 26

3 마이크로비트 장치와 성취기준 28

4 피지컬 컴퓨팅 29

마이크로비트는 여러분의 상상력과 창의력을 발휘할 수 있는 초소형 컴퓨터입니다.

'마이크로비트'는 신용 카드 크기의 절반 정도밖에 안 되는 초소형 컴퓨터로, 글자와 그림 등을 나타낼 수 있는 25개의 빨간색 LED와 2개의 버튼 외에도 여러 가지 센서들이 장착되어 있어 여러분이 상상한 대부분의 것을 디지털 작품으로 만들 수 있습니다. 어린 학생들이 아무것도 모르는 상태에서 연필을 쥐고 그림을 그리듯이, 코딩에 대한 전문적인 지식이 없어도 이 마이크로비트로 다양한 작품을 쉽게 만들 수 있습니다.

여러분은 마이크로비트를 이용하여 악기를 만들 수도 있고, 게임기를 만들 수도 있고, 자동차를 만들 수도 있고, 심지어 로봇을 만들 수도 있습니다. 마이크로비트에 여러분의 상상력과 창의력을 더한다면 어떤 디지털 작품이든 만들 수 있는 것입니다.

영국에서 어린 학생들이 자연스럽게 컴퓨터에 대해서 배울 수 있도록 학생 100만 명에게 마이크로비트를 무료로 나누어 준 것을 시작으로, 현재는 전 세계 50여 개 나라 이상의 학생들이 마이크로비트를 이용하여 다양한 디지털 작품을 만들어 공유하고 있습니다.

여러분도 마이크로비트를 활용하여 나만의 디지털 작품을 만들고 세계 여러 나라의 학생들에게 자신의 작품을 공유해 보세요!

마이크로비트는 다양한 장치들을
모아 놓은 컴퓨터 보드입니다.
함께 살펴볼까요?

앞면

❼ 터치 센서

금색의 로고는 터치 센서처럼 작동합니다. 터치 센서
를 사용하면, A, B버튼 이외에 추가적인 버튼처럼 사
용해서 프로그램을 만들 수 있습니다.

❻ 마이크 LED

마이크가 내장되어 있어 크고 작은 소리에 반응하거
나 주변 소리 크기를 측정하는 프로그램을 만들 수
있습니다. 마이크가 소리 크기를 측정하는 경우 마이
크 LED가 밝아집니다. LED의 바로 왼쪽에 소리가 입
력되는 작은 구멍이 있습니다.

❺ B버튼

기계적인 특징은 A버튼과 같습니다.

❹ LED 디스플레이

LED가 가로 5개, 세로 5개 총 25개 있습니다. 이 25
개의 LED를 이용하여 그림, 숫자, 글자를 표현합니다.
또, 빛의 양을 측정하는 빛 센서로도 사용할 수 있습
니다.

❸ 전원 공급

외부 장치(예 모터)가 작동할 수 있도록 전원을 공급
하는 데 사용합니다.

❶ A버튼

버튼 누름 여부에
따라 다른 장치 작
동을 제어할 수 있
습니다.

❷ 외부 장치 연결 핀(입출력 핀)

마이크로비트에는 외부 장치를 연결
하기 위한 핀이 있습니다. 모터와 초
음파, 네오픽셀 등을 이곳에 연결할
수 있습니다.

주의

마이크로비트의 LED 디스플레이는 전류를 흘려보내 주면 빛을 냅니다. 그리고 LED
디스플레이에 빛을 쪼이면 빛의 양에 비례하여 전기를 만들어내기도 합니다.
마이크로비트는 이와 같은 LED 디스플레이의 성질을 이용하여 LED 디스플레이를 빛
센서로 사용할 수 있습니다.

❷, ❸번의 외부 장치 연결용 핀을 살펴보면 일부 핀(0, 1, 2, 3V, GND)은 크고
구멍이 뚫려 있지만(큰 핀), 일부 핀은 작고 구멍이 뚫려 있지 않은 것(작은 핀)을
확인할 수 있습니다.

※ 마이크로비트를 컴퓨터에 연결하고, 해당 폴더에 DETAILS.TXT라는 파일이 있는
것을 확인합니다. 펌웨어 버전 확인 후, '0249' 미만이면 업그레이드합니다.

⑩ 블루투스 안테나

블루투스로 다른 기기들과 통신하기 위한 안테나입니다. 마이크로비트는 블루투스를 이용하여 컴퓨터/스마트폰/태블릿과 무선으로 연결할 수 있습니다.

⑨ 빨간색 전원 LED

전기가 공급되는 경우에 빨강 LED에 불이 켜집니다.

⑧ USB 포트

컴퓨터와 연결할 때 사용합니다. 마이크로 5핀 규격으로 만들어져 있습니다.

⑦ 노란색 USB LED

USB 케이블로 컴퓨터와 데이터가 송수신되는 경우, 노랑색 LED가 반짝입니다. 예를 들어, 프로그램을 업로드하는 경우 반짝이게 됩니다.

⑥ 재시작 버튼

재시작 버튼을 누르는 경우 프로그램을 처음부터 다시 실행시키게 됩니다. 계속 누르고 있으면, 빨간색 LED 불빛이 점차 어두워지다가 꺼지게 됩니다. 전원 LED가 꺼진 후, 버튼을 놓으면 마이크로비트가 절전모드가 되고, 버튼을 다시 누르면 절전모드에서 깨어나게 됩니다.

⑤ 배터리(건전지) 소켓

외장 배터리(건전지) 팩을 연결하는 데 사용합니다.

④ 마이크

소리를 인식하면 마이크 LED에 불이 켜지고, 앞면의 마이크 LED가 밝아집니다. 앞면에 소리가 입력되는 작은 구멍의 마이크가 있습니다.

③ 스피커

소리를 인식하면 마이크 LED에 불이 켜지고, 앞면의 마이크 LED가 밝아집니다. 앞면에 소리가 입력되는 작은 구멍의 마이크가 있습니다.

뒷면

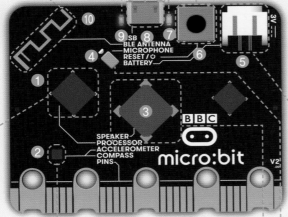

① 마이크로컨트롤러

사람의 '두뇌' 역할을 하는 부품입니다. 마이크로컨트롤러 내부에 온도를 측정할 수 있는 온도 센서가 포함되어 있습니다.

② 기울기(가속도), 자기(나침반) 센서

마이크로비트의 동작을 감지할 수 있는 기울기, 자기 센서 등을 측정하는 센서입니다.

주의

아래 그림과 같은 JST 2핀이 달린 AAA(또는 AA) 건전지×2개 홀더를 이용하여 마이크로비트에 전원을 공급할 수 있습니다. 외부 배터리를 연결하면 컴퓨터와 연결하지 않고도 마이크로비트를 작동시킬 수 있습니다.

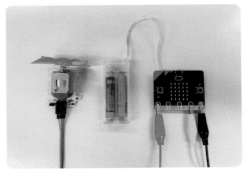

제3부에는 마이크로비트와 다양한 장치를 활용한 총 21개의 프로젝트가
제시되어 있습니다. 각 프로젝트별로 어떤 장치를 사용하는지와
그 프로젝트를 통해 이루어야 할 성취기준을 살펴보세요.

장치		프로젝트	성취기준
LED 디스플레이		1. 나만의 이모티콘	LED 디스플레이 기능을 이해하고, 이를 활용하여 문제를 해결할 수 있다.
		2. 그림 신호등	
버튼, 터치		3. 응원 전광판	버튼과 터치 센서의 기능을 이해하고, 이를 활용하여 문제를 해결할 수 있다.
빛		4. 자동 밝기 조절등	빛 센서의 종류와 기능을 이해하고, 빛 센서와 3색 LED를 활용하여 문제를 해결할 수 있다.
3색 LED		5. 스마트 교통 신호등	
스피커		6. 음악 연주	스피커(버저)의 기능을 이해하고, 이를 활용하여 문제를 해결할 수 있다.
		7. 내 마음을 전하는 카드	
마이크		8. 소리 감응 얼굴	마이크(소리) 센서의 기능을 이해하고, 마이크 센서와 LED 디스플레이를 활용하여 문제를 해결할 수 있다.
온도		9. 폭염 알림이	온도 센서의 기능을 이해하고, 온도 센서와 스피커를 활용하여 문제를 해결할 수 있다.
블루투스 안테나 (라디오 통신)		10. 모스 부호 통신기	블루투스 센서와 안테나 기능을 이해하고, 라디오 통신을 활용하여 문제를 해결할 수 있다.
		11. 무선 센서 장치	
동작 감지, 가변 저항, DC모터		12. 스마트 선풍기	동작 감지 센서와 모터의 기능을 이해하고, 이를 활용하여 문제를 해결할 수 있다.
		13. 내 맘대로 선풍기	가변 저항의 기능을 이해하고, 가변 저항과 모터를 활용하여 문제를 해결할 수 있다.
		14. 풍선 드론	DC모터의 기능을 이해하고, 이를 활용하여 문제를 해결할 수 있다.

장치		프로젝트	성취기준
서보모터		15. 애벌레 로봇	서보모터의 기능과 각도값을 이해하고, 이를 활용하여 문제를 해결할 수 있다.
가속도, 서보모터		16. 디지털 주사위	가속도 센서의 기능을 이해하고, 가속도 센서와 서보모터를 활용하여 문제를 해결할 수 있다.
		17. 자동 낙하산	
자기(나침반)		18. 전자 나침반	전자 나침반의 기능을 이해하고, 이를 활용하여 문제를 해결할 수 있다.
네오픽셀		19. 크리스마스트리	네오픽셀의 기능을 이해하고, 이를 활용하여 문제를 해결할 수 있다.
		20. 춤추는 LED	
초음파		21. 거리 측정기	초음파 센서의 기능을 이해하고, 이를 활용하여 문제를 해결할 수 있다.

④ 피지컬 컴퓨팅

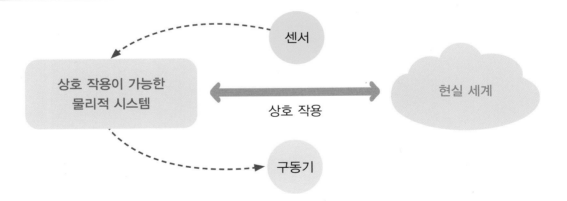

피지컬 컴퓨팅은 센서(Sensor)로 현실 세계의 정보(온도, 습도, 빛의 밝기, 적외선 값 등)를 컴퓨터에게 알려 주고, 그 값을 처리하여 모터 또는 스피커 등 구동기(Actuator)로 필요한 정보를 표현하거나 물리적인 장치를 작동시키는 활동입니다. 다시 말해, 컴퓨터의 가상 세계가 입력 장치(센서)와 출력 장치(구동기)를 통해 피지컬한 현실 세계와 서로 대화하고 상호 작용을 하는 개념을 말합니다.

예전에는 피지컬 컴퓨팅을 하려면 전문가 수준의 지식을 요구하였으나 이후 누구나 간편하게 사용할 수 있는 보드와 센서가 개발되고, 스크래치 및 엔트리 등과 같은 블록형 프로그래밍 언어까지 보급되면서 보다 쉽게 할 수 있게 되었습니다.

지금부터 자신의 생각을 현실로 만드는 피지컬 컴퓨팅에 도전해 봅시다!

제3부

파이썬으로 배우는
피지컬 컴퓨팅

1 PROJECT 01 나만의 이모티콘 LED 디스플레이 34

2 PROJECT 02 그림 신호등 LED 디스플레이 42

3 PROJECT 03 응원 전광판 버튼, 터치 센서 50

4 PROJECT 04 자동 밝기 조절등 빛 센서 58

5 PROJECT 05 스마트 교통 신호등 3색 LED 64

6 PROJECT 06 음악 연주 스피커 72

7 PROJECT 07 내 마음을 전하는 카드 스피커 80

8 PROJECT 08 소리 감응 얼굴 마이크 86

9 PROJECT 09 폭염 알림이 온도 센서 92

10 PROJECT 10 모스 부호 통신기 라디오 98

11 PROJECT 11 무선 센서 장치 라디오 106

12 PROJECT 12 스마트 선풍기 DC모터, 동작 감지 & 온도 센서 116

13 PROJECT 13 내 맘대로 선풍기 DC모터, 가변 저항 124

14 PROJECT 14 풍선 드론 라디오, DC모터 132

15 PROJECT 15 애벌레 로봇 서보모터 142

16 PROJECT 16 디지털 주사위 가속도 센서 150

17 PROJECT 17 자동 낙하산 서보모터, 가속도 센서 158

18 PROJECT 18 전자 나침반 자기 센서 166

19 PROJECT 19 크리스마스트리 네오픽셀 172

20 PROJECT 20 춤추는 LED 네오픽셀 180

21 PROJECT 21 거리 측정기 초음파 센서 188

PROJECT 01 나만의 이모티콘

🐍 무엇을 만들까?

| 우리가 해결할 프로젝트를 알아봅시다.

💡 **그림으로 감정을 어떻게 전달할까?**

감정이나 생각 등을 전달할 때 이모티콘을 사용합니다. 나만의 이모티콘을 만들고 싶은데 어떻게 하면 될까요?

💬 마이크로비트의 LED 디스플레이를 이용하여 나만의 이모티콘을 만들어 봅시다.

⏱ **소요 시간**
- 가정에서 개인이 할 경우: 30~40분
- 학교에서 학급당 수업할 경우: 약 50분

어떤 부품을 사용할까?

| 프로젝트를 해결하기 위해 필요한 부품을 살펴봅시다.

💡 LED 디스플레이는 어디에 있을까?

마이크로비트 앞면에는 밝기 조절이 가능한 25개의 LED로 이루어진 디스플레이가 있습니다.

이 5×5 매트릭스 형태의 LED 디스플레이는 문자나 그림 등을 출력할 수 있는 스크린 역할을 합니다.

마이크로비트에서 LED 디스플레이의 위치를 찾아봅시다.

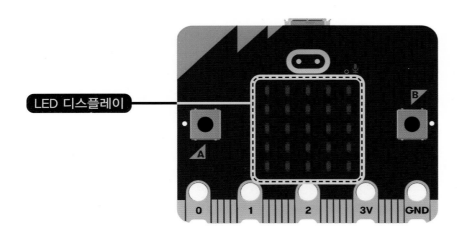

LED 디스플레이

출력 장치인
LED 디스플레이는
마이크로비트 LED,
LED 매트릭스,
LED 스크린이라고도
해요.

학습 돋보기 🔍

왼쪽 사진과 같이 마이크로비트를 USB 케이블로 컴퓨터와 연결합니다.

마이크로비트 LED 디스플레이는 아래와 같이 (x, y) 좌푯값으로 표현할 수 있고, 프로그램을 작성할 때에도 (x, y) 좌표로 표시합니다.

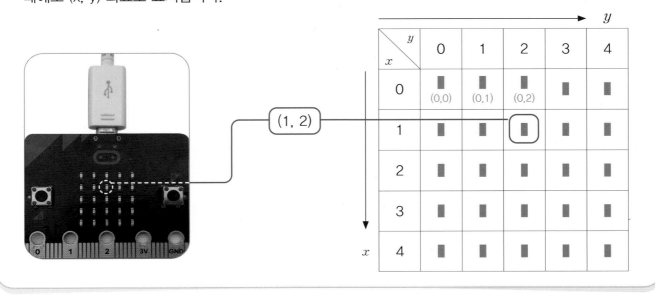

어떻게 나만의 이모티콘을 만들까?

자, 지금까지 배운 내용을 바탕으로 프로젝트를 해결해 봅시다.

첫째, 마이크로비트에는 다양한 아이콘 이미지가 내장되어 있습니다. 이러한 내장된 이미지를 출력하는 명령어를 이용하여 나만의 이모티콘을 만듭니다.

둘째, LED 디스플레이에 픽셀 정보를 입력하여 나만의 이모티콘을 만듭니다.

셋째, 리스트(list)를 이용하여 움직이는 이모티콘을 만듭니다.

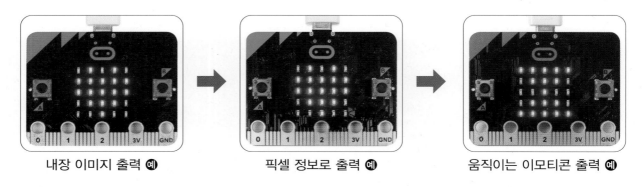

내장 이미지 출력 **예**　　　　픽셀 정보로 출력 **예**　　　　움직이는 이모티콘 출력 **예**

💡 알고리즘으로 표현해 볼까?

실제 프로그램을 작성하기 전에 알고리즘으로 표현해 봅시다.

자연어	순서도
다음 과정을 무한 반복 　내장 HEART 이미지 출력 　직접 픽셀 정보를 입력한 사용자 정의 　이미지 출력 　모래시계 이미지 동적으로 출력	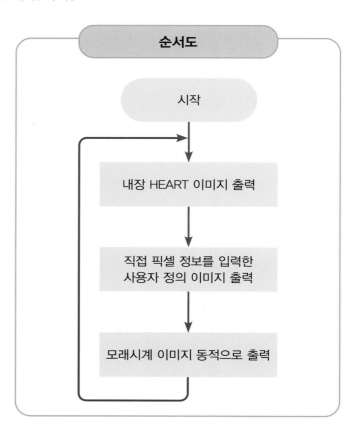

💡 프로그램을 작성해 볼까?

프로그램을 작성하기 전에 마이크로파이썬 편집기 사용법(20~23쪽)을 확인합시다.

① 내장 이미지 이용하여 출력

마이크로비트 내 내장 이미지를 이용하면 쉽게 이모티콘을 출력할 수 있습니다. 마이크로비트의 LED 디스플레이에 아래와 같은 내장된 HEART 이미지를 출력해 봅시다.

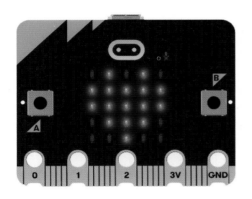

마이크로비트의 내장 이미지는 이름만 봐서는 바로 떠오르지 않기 때문에 시간을 내어서라도 하나씩 출력해서 확인해 보세요. (부록 199~200쪽 참고)

아래와 같이 프로그램을 작성하고, 마이크로비트로 프로그램을 업로드해 봅시다.

```python
1   from microbit import *
2   display.show(Image.HEART)          # 내장된 HEART 이미지 출력
```

※ 코드 안의 #이하 설명은 해당 명령어의 기능을 설명하는 주석부분 입니다.

💡 잠깐! 알고가기

```
from microbit import *
```

마이크로비트를 파이썬으로 제어하려면 마이크로비트를 제어할 수 있는 명령이 포함되어 있는 모듈(또는 라이브러리)을 반드시 제일 먼저 불러와야 합니다. 이 명령문이 없으면 마이크로비트를 제어할 수 없습니다. 이 명령문의 의미는 "마이크로비트를 제어하는 모든 명령을 불러오라."이며, 각 단어들은 다음의 의미를 갖습니다.

- **from**: ~로부터
- **microbit**: microbit 모듈
- **import**: 가져오라
- *****: 모든 명령

② 픽셀 정보로 이미지 출력

LED 디스플레이의 각 픽셀(5×5의 한 점)은 0~9단계의 밝기를 표현할 수 있는데, 0이면 꺼지고 1에서 8은 밝기의 단계를 나타내어 9이면 가장 밝게 켜집니다. 여기서는 0과 9로만 표현해 보겠습니다.

아래와 같이 프로그램을 작성하고, 마이크로비트로 프로그램을 업로드해 봅시다.

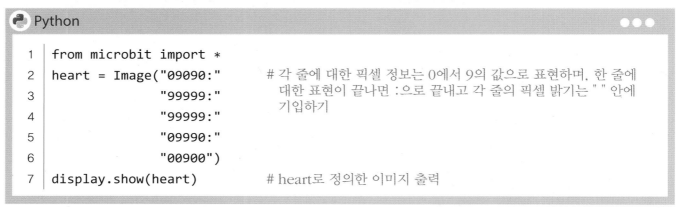

```python
1  from microbit import *
2  heart = Image("09090:"       # 각 줄에 대한 픽셀 정보는 0에서 9의 값으로 표현하며, 한 줄에
3                "99999:"          대한 표현이 끝나면 :으로 끝내고 각 줄의 픽셀 밝기는 " " 안에
4                "99999:"          기입하기
5                "09990:"
6                "00900")
7  display.show(heart)          # heart로 정의한 이미지 출력
```

마이크로비트의 LED 디스플레이에 결과를 예상하여 표시해 보세요. 내장된 HEART 이미지와 같은가요?

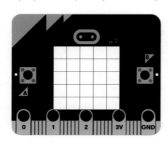

💡잠깐! 알고가기

- **':' 빼먹으면 생기는 오류**
  각 줄에 있는 ':'을 빼면 이상 없이 마이크로비트로 다운로드할 수는 있지만 전혀 다른 이미지가 생성되고, 문법 오류도 생깁니다.

- **들여쓰기의 중요성**
  파이썬에서 들여쓰기(기본 4칸이고 [Tab] 키를 주로 이용)는 명령의 내포 관계를 표현하는 역할을 합니다.

사용한 명령어 알아보기

 line 2~6 Image("09090:" ~ "00900")

- 사용자가 정의한 이미지를 만들 때 사용하는 명령어로, 각자가 원하는 이미지를 만들 수 있음.
- Image("09090:99999:99999:09990:00900")처럼 한 줄로 표현할 수 있음.

 line 7 display.show(이미지 객체)

- 사용자가 정의한 '이미지 객체'를 5×5 LED 디스플레이에 출력할 때 사용함.

> 예 display.show(heart): 사용자가 정의한 heart 이미지 출력

③ 이모티콘 애니메이션 출력

파이썬은 배열을 표현하기 위해 리스트라는 특별한 구조를 사용합니다. 리스트(list) 자료형을 이용하면 애니메이션 효과를 낼 수 있습니다. 모래시계 이미지를 편집하여 애니메이션을 구현해 봅시다.

아래와 같이 프로그램을 작성하고, 마이크로비트로 프로그램을 업로드해 봅시다.

```python
from microbit import *
clock1 = Image("99999:"    # 픽셀 정보를 0에서 9의 값으로 표현할 때, 9는
              "09090:"         가장 밝게 켜진 상태이고 0은 꺼진 상태
              "00900:"
              "09090:"
              "99999")

clock2 = Image("99999:"    # 픽셀 정보에서 5의 값은 중간 밝기
              "05050:"
              "00900:"
              "09090:"
              "99999")

clock3 = Image("99999:"
              "09090:"
              "00500:"
              "09090:"
              "99999")

clock4 = Image("99999:"
              "09090:"
              "00900:"
              "05050:"
              "99999")

sand_clock = [clock1, clock2, clock3, clock4]   # sand_clock으로 정의한 모래시계 이미지 리스트
display.show(sand_clock, loop=True, delay=200)   # loop=True는 무한 반복, delay=200은 각
                                                   이미지를 200ms(0.2초)의 시간 간격으로 출력
```

사용한 명령어 알아보기

 display.show(리스트명, loop=True/False, delay=시간)

- 마이크로비트 LED 디스플레이에 리스트에 있는 요소를 순서대로 하나씩 출력
- **loop=True/False**: 내용 반복 설정, True: 반복, False: 반복하지 않는다라는 의미로 생략할 수 있음.
- **delay=시간**: 출력 내용과 출력 내용 사이의 대기 시간, 밀리초(1/1000초) 단위, 생략 가능(생략할 경우 0)

  📷 delay=100: 0.1초 대기

결과를 확인해 볼까?

| **아래 항목대로 잘 작동하는지 결과를 확인해 봅시다.**

Q1 **내장 이미지를 이용하여 출력**
내장된 HEART 이미지가 출력
되나요?

Q2 **픽셀 정보로 이미지 출력**
픽셀 정보로 입력했을 때 하트가
출력되나요?

QR 코드를 확인하세요.
모래시계가 동적으로
움직이는 것을 확인할
수 있습니다.

영상

Q3 **이모티콘 애니메이션 출력**
모래시계 이미지가 동적으로
움직이나요?

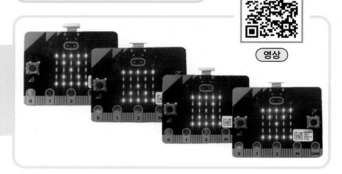

내 실력 키우기 UP

마이크로비트 5×5 LED 디스플레이에서 'HEART'가 한 글자씩 나타나고, 큰 하트와
작은 하트가 번갈아가면서 계속 출력되도록 프로그램을 작성해 봅시다.

소스 코드

Tip 내장 이미지를 사용하세요. 작은 하트는 'HEART_SMALL'입니다.

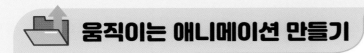

움직이는 애니메이션 만들기

심장 박동 애니메이션 만들기를 따라해 보고, 내가 좋아하는 반려동물과 나만의 이름 애니메이션을 만들어 봅니다.

따라 해 보기

"심장 박동 애니메이션 만들기" 코드를 입력해 보고, 결과를 확인해 봅시다.

```python
1  from microbit import *
2  import music
3  bit2 = Image("00000:00000:10000:00000:00000")
4  bit3 = Image("00000:01000:20000:00000:00000")
5  bit4 = Image("00000:02000:30100:00000:00000")
6  bit5 = Image("00000:03000:40200:00010:00000")
7  bit6 = Image("00000:04000:50301:00020:00000")
8  bit7 = Image("00000:05000:60402:00030:00000")
9  bit8 = Image("00000:06000:70907:00040:00000")
10 bit9 = Image("00000:07000:80604:00050:00000")
11 bit10 = Image("00000:08000:90705:00060:00000")
12 bit11 = Image("00000:09000:80705:00070:00000")
13 bit12 = Image("00000:08000:70907:00080:00000")
14 bit13 = Image("00000:07000:60808:00090:00000")
15 bit14 = Image("00000:06000:50709:00080:00000")
16 bit15 = Image("00000:05000:40608:00070:00000")
17 bit16 = Image("00000:04000:30507:00060:00000")
18 bit17 = Image("00000:03000:20406:00050:00000")
19 bit18 = Image("00000:02000:10305:00040:00000")
20 bit19 = Image("00000:01000:00204:00030:00000")
21 bit20 = Image("00000:00000:00103:00020:00000")
22 bit21 = Image("00000:00000:00002:00010:00000")
23 bit22 = Image("00000:00000:00001:00000:00000")
24 bit23 = Image("00000:00000:00000:00000:00000")
25 file = [bit2, bit3, bit4, bit5, bit6, bit7, bit8, bit9, bit10, bit11, bit12, bit13,
26         bit14, bit15, bit16, bit17, bit18, bit19, bit20, bit21, bit22, bit23]
27 while True:
28     display.show(file, delay=100, wait=False)
29     sleep(1500)
30     music.play("B5:2")
```

스스로 해 보기

① 내가 좋아하는 반려동물 움직이는 애니메이션 만들어 봅시다.

② 알파벳이나 숫자 등을 이용하지 않고 그림으로 나만의 이름 배지를 만들어 봅시다.

Tip 아래의 명령어를 사용해서 해결해 보세요.

• dislpay.get_pixel(x, y)

  LED 디스플레이의 열(x)과 행(y)에 대한 밝기를 0(off)부터 9(bright)까지의 정숫값으로 반환한다.

• dislpay.set_pixel(x, y, value)

  LED 디스플레이의 열(x)과 행(y)에 대한 밝기를 value 값으로 설정한다. 밝기는 정수값으로서 0부터 9까지의 범위를 갖는다.

PROJECT 02 그림 신호등

🐍 무엇을 만들까?

| 우리가 해결할 프로젝트를 알아봅시다.

💡 **사람이 걷거나 서 있는 그림이 나타나는 신호등은 어떻게 만들까?**

신호등을 색이 아닌 사람이 걷거나 서 있는 그림으로 표현하려면 어떻게 해야 할까요?

🗨 마이크로비트의 LED 디스플레이를 이용하여 신호등을 건널 때에는 사람이 걷는 그림, 정지할 때에는 사람이 서 있는 그림이 나타나는 신호등을 만들어 봅시다.

⏱ **소요 시간**
- **가정에서 개인이 할 경우:** 20~30분
- **학교에서 학급당 수업할 경우:** 약 40분

어떤 부품을 사용할까?

| 프로젝트를 해결하기 위해 필요한 부품을 살펴봅시다.

💡 LED 디스플레이는 어디에 있을까?

① 문자나 그림 표현

　마이크로비트의 앞면 가운데에는 가로 5개, 세로 5개의 LED가 장착되어 있습니다. 이것을 LED 디스플레이라고 했습니다. 이 LED 디스플레이를 이용하여 문자나 숫자를 출력할 수 있으며 하트 모양 등 다양한 그림도 출력할 수 있습니다.

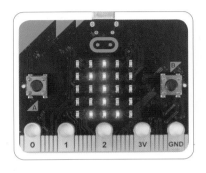  

영상

② 빛의 세기 조절

　마이크로비트의 LED 디스플레이는 붉은색만 출력하며, 빛의 세기를 조절할 수 있습니다.

  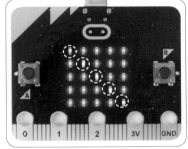

가장 밝은 세기 9　　　　　　　중간 밝기 5　　　　　　　약간 밝기 1

학습 돋보기 🔍

왼쪽 마이크로비트의 LED 디스플레이에 표시된 25개 LED의 빛의 세기가 약간씩 다릅니다.

이처럼 각 LED는 사용자가 원하는 세기로 빛을 조절하여 출력할 수 있습니다.

💡 LED 디스플레이를 제어하는 명령은 어떤 것이 있을까?

LED 디스플레이에는 기본적으로 여러 가지 그림과 문자를 표현할 수 있는 코드가 포함되어 있습니다. 기본적으로 아래 그림과 같이 하트, 해피, 포크, 덕, 그리고 알파벳 및 숫자를 출력할 수 있습니다.

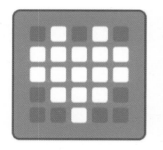
Image.HEART

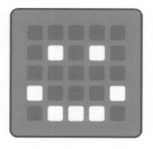
Image.HAPPY

Image.PITCH FORK

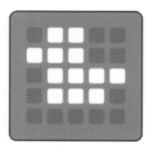
Image.DUCK

파이썬에서 내장 이미지로 제공하지 않는 그림이나 문자를 사용하려면 직접 만들어 사용해야 합니다. 앞 활동에서 설명한 것처럼 불을 켜고자 하는 곳에는 숫자 1~9를, 불을 끄고자 하는 곳에는 0을 입력하면 됩니다. 예를 들어, 위 그림에서 덕(DUCK)은 다음과 같이 표현할 수 있습니다.

아래와 같이 프로그램을 작성하고, 마이크로비트로 프로그램을 업로드해 봅시다.

🐍 Python

```
1  from microbit import *
2  duck = Image("09900:"
3              "99900:"
4              "09999:"
5              "09990:"
6              "00000")
7  display.show(duck)          # duck으로 정의한 이미지 출력
```

🔍 학습 돋보기 🔍

마이크로비트의 LED 디스플레이는 색을 변경할 수 없기 때문에 색이 필요한 경우에는 외장 LED 모듈을 사용합니다.

64~71쪽 활동(PROJECT 05. 스마트 교통 신호등)에서 확인해 보세요.

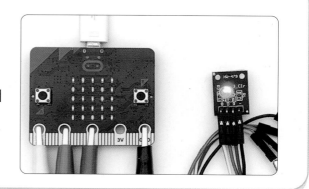

어떻게 그림 신호등을 만들까?

| 자, 지금까지 배운 내용을 바탕으로 프로젝트를 해결해 봅시다.

이 프로젝트는 신호등을 빨간색이나 녹색이 아닌 그림으로 표현합니다. 서 있는 그림에서 일정 시간이 지나면 걷는 그림으로, 또 다시 서 있는 그림의 순으로 동작하는 신호등을 만들어 봅시다.

무한 반복

약 3초 동안 유지

서 있는 그림

5번 반복

두 장의 그림으로 걷는 모습 표현
300밀리초(0.3초) 간격으로 그림 바꾸기

💡 알고리즘으로 표현해 볼까?

실제 프로그램을 작성하기 전에 알고리즘을 표현해 봅시다.

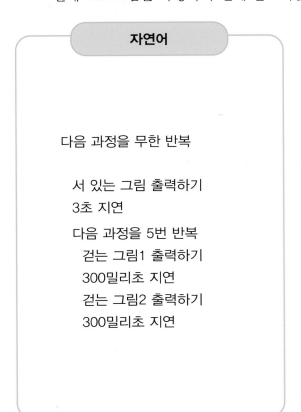

자연어

다음 과정을 무한 반복

서 있는 그림 출력하기
3초 지연
다음 과정을 5번 반복
  걷는 그림1 출력하기
  300밀리초 지연
  걷는 그림2 출력하기
  300밀리초 지연

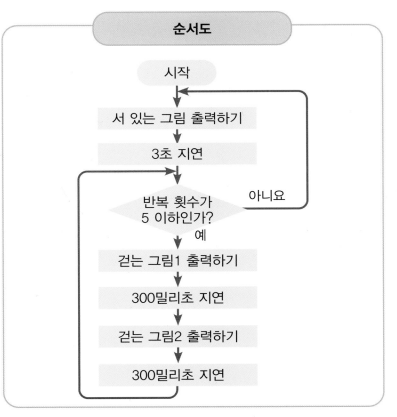

순서도

시작

서 있는 그림 출력하기

3초 지연

반복 횟수가
5 이하인가? — 아니요

예

걷는 그림1 출력하기

300밀리초 지연

걷는 그림2 출력하기

300밀리초 지연

💡 프로그램을 작성해 볼까?

마이크로비트의 LED 디스플레이를 이용하여 알고리즘에 따라 프로그램을 작성해 봅시다.

다시 짚고 넘어가기

• 왼쪽 사진처럼 만들기 위해서는 서 있는 그림과 걷는 그림 두 개를 미리 저장해 두어야 합니다.

아래와 같이 프로그램을 작성하고, 마이크로비트로 프로그램을 업로드해 봅시다.

🐍 Python

```
1   from microbit import *              # 마이크로비트 모듈의 모든 명령 사용
2
3   stop = Image("00900:"              # 서 있는 그림
4             "00900:"
5             "00900:"
6             "00900:"
7             "00900")
8
9   walk1= Image("00900:"              # 첫 번째 걷는 그림
10            "09990:"
11            "00900:"
12            "09090:"
13            "09090")
14
15  walk2= Image("00900:"              # 두 번째 걷는 그림
16            "09990:"
17            "90909:"
18            "09090:"
19            "90009")
20
21  while True:                        # 무한 반복
22
23      display.show(stop)             # stop 이미지 출력
24      sleep(3000)                    # 3000밀리초(3초) 지연
25      for a in range(1,6,1):         # 걷는 그림을 반복 실행함으로 걷는 효과를 냄.
26          display.show(walk1)        # walk1 이미지 출력
27          sleep(300)                 # 300밀리초(0.3초) 지연
28          display.show(walk2)        # walk2 이미지 출력
29          sleep(300)                 # 300밀리초(0.3초) 지연
```

Image("00900:09990:00900:09090:09090")

• 3~7줄의 내용을 한 줄로 표현, 내장 이미지 대신 사용자가 원하는 이미지를 만들 때 사용

while True:

• 무한 반복할 때 사용

display.show(이미지 객체)

• 사용자가 만든 '이미지 객체'를 마이크로비트 LED 디스플레이에 출력

sleep(밀리초)

• 제시된 밀리초만큼 다음 명령의 실행 지연

> 예 sleep(1000): 1초 지연

for 변수 in range(start, stop, step)

• 변수를 start에서 시작하여 step만큼 증가시키며, stop−1까지 다음 문장 반복
• for: 특정 횟수만큼 반복할 때 사용
• in: ~ 내에서
• range(start, stop, step): 반복 횟수 범위, 횟수는 start부터 시작하여 (stop −1)까지 step만큼 증가하면서 반복함.

> 예 range(1,6,1): 1부터 5까지 1씩 증가시킴.

결과를 확인해 볼까?

영상

┃ **아래 항목대로 잘 작동하는지 결과를 확인해 봅시다.**

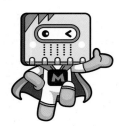

서 있는 그림은 3초 정도 출력되고, 걷는 이미지 두 개가
연속해서 출력되는지 확인해요.

Q1 서 있는 그림이 3초 정도 출력되나요?

Q2 두 개의 걷는 그림이 교차되면서
움직이는 것처럼 출력되나요?

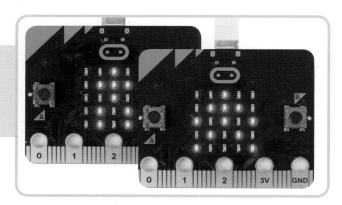

1. 반복문을 사용하지 않고 이미지를 출력하는 프로그램을 작성해 봅시다.

소스 코드

Tip 화면을 지우기 위해 display.clear()을 사용하세요!

2. for문을 사용하지 않고 다른 반복문을 사용하여 프로그램을 수정해 봅시다.

소스 코드

Tip 파이썬 반복문을 사용하세요!

잘 작동하나요?

오류 발생 해결하기

Q 혹시 내가 원하는 이미지가 아닌 다른 모양으로 출력되나요?

A 한 줄의 이미지를 나타낼 때 줄의 마지막에 넣어야 하는 콜론(:)을 빠뜨리지 않았는지 확인해 보세요.
파이썬에서 콜론(:)은 줄바꿈이나 제어 명령문 안쪽에 내포되어야 하는 명령문을 넣을 때 사용됩니다.
문장이 끝났는지, 끝나지 않았는지 꼭 확인하세요.

PROJECT 03 응원 전광판

무엇을 만들까?

| 우리가 해결할 프로젝트를 알아봅시다.

💡 응원 도구를 어떻게 만들까?

　　우리 반 친구들의 연극 공연을 응원하기 위해 플래카드를 만들려고 하는데, 공연장이 어두워서 잘 안 보일 것 같아요. 어두울 때도 응원할 수 있는 응원 도구가 없을까요?

　　마이크로비트의 버튼과 터치 센서, LED 디스플레이를 이용하여 버튼을 누를 때마다 서로 다른 이미지가 나타나는 전광판을 만들어 봅시다.

⏱ 소요 시간
- 가정에서 개인이 할 경우: 10분
- 학교에서 학급당 수업할 경우: 약 30분

어떤 부품을 사용할까?

|프로젝트를 해결하기 위해 필요한 부품을 살펴봅시다.

💡 버튼과 터치 센서는 어디에 있을까?

마이크로비트에는 A버튼과 B버튼 그리고 로고를 터치했는지 유무를 감지하는 터치 센서가 있습니다.

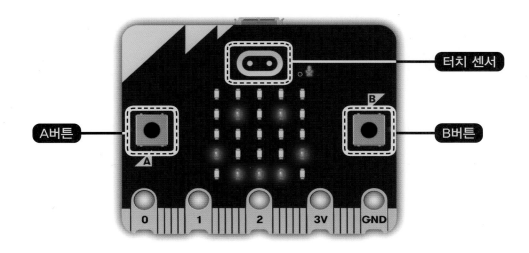

2개의 버튼과 터치 센서는 다음의 세 가지 경우를 표현할 수 있습니다.

A버튼을 눌렀을 때	B버튼을 눌렀을 때	터치 센서를 눌렀을 때

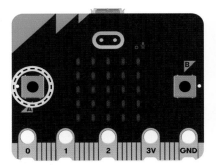 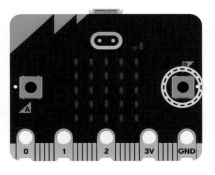 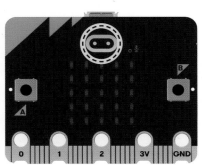

2개의 버튼과
터치 센서를 이용하여 메시지를
표현해 보세요.

 **생각 되짚어보기**

만약, LED 디스플레이를 제어하는 방법이 잘 생각나지 않는다면?

▶ 34쪽 PROJECT 01로 가세요.

어떻게 응원 전광판을 만들까?

| 자, 지금까지 배운 내용을 바탕으로 프로젝트를 해결해 봅시다.

아래의 상황에 맞게 각각의 메시지가 출력되도록 합니다.

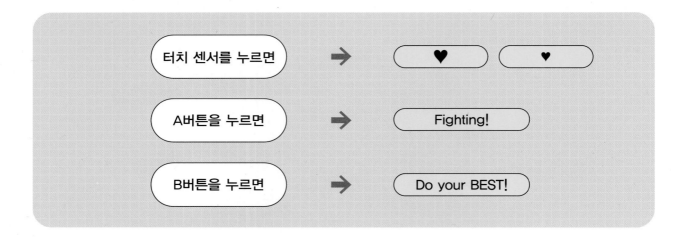

터치 센서를 누르면 → ♥   ♥

A버튼을 누르면 → Fighting!

B버튼을 누르면 → Do your BEST!

💡 알고리즘으로 표현해 볼까?

실제 프로그램을 작성하기 전에 알고리즘을 표현해 봅시다.

메시지는 영어와 아이콘만 가능해요.

자연어

다음 과정을 무한 반복

만약, 터치 센서를 눌렀다면
　♥와 ♥가 번갈아 5회 출력
그렇지 않고 만약, A버튼을 눌렀다면
　"Fighting!"이 한 글자씩 출력
그렇지 않고 만약, B버튼을 눌렀다면
　"Do your BEST!"가 스크롤 출력

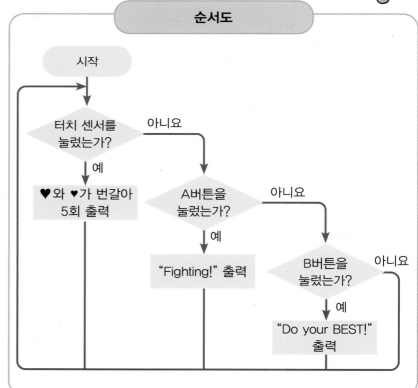

순서도

시작

터치 센서를 눌렀는가? — 아니요

예
♥와 ♥가 번갈아 5회 출력

A버튼을 눌렀는가? — 아니요

예
"Fighting!" 출력

B버튼을 눌렀는가? — 아니요

예
"Do your BEST!" 출력

💡 프로그램을 작성해 볼까?

마이크로비트의 버튼과 터치 센서 그리고 LED 디스플레이를 활용하여, 알고리즘에 따라 프로그램을 작성해 봅시다.

다시 짚고 넘어가기

버튼과 터치 센서, LED 디스플레이는 마이크로비트에 내장되어 있기 때문에 회로를 구성하지 않습니다.

아래와 같이 프로그램을 작성하고, 마이크로비트로 프로그램을 업로드해 봅시다.

🐍 Python

```python
1   from microbit import *            # 마이크로비트 모듈의 모든 명령 사용
2
3   while True:                       # 무한 반복
4       if pin_logo.is_touched():     # 만약 터치 센서를 누르면
5           for a in range(5):        # 5회 반복
6               display.show(Image.HEART)         # 내장된 HEART 이미지 출력
7               sleep(100)            # 0.1초 지연
8               display.show(Image.HEART_SMALL)   # 만약 내장된 HEART_SMALL 이미지 출력
9               sleep(100)            # 0.1초 지연
10      elif button_a.is_pressed():   # 그렇지 않고 만약, A버튼을 누르면
11          display.show("Fighting!") # LED 디스플레이에 Fighting! 출력
12      elif button_b.is_pressed():   # 그렇지 않고 만약, B버튼을 누르면
13          display.scroll("Do your BEST!")       # LED 디스플레이에 Do your BEST! 출력
```

from microbit import *

• 마이크로비트를 제어하는 명령을 불러올 때 사용
• 마이크로비트 모듈로부터 모든 명령을 가져오라는 의미

pin_logo.is_touched( )

• 정전식 터치 모드로 설정되어 있는 터치 센서를 눌렀는지 확인

if 조건식1:
　　　문장1
elif 조건식2:
　　　문장2
elif 조건식3:
　　　문장3

• 조건식1을 만족하면 문장1을 실행, 그렇지 않고 조건식2를 만족하면 문장2를 실행,
  조건식1과 조건식2 모두 만족하지 않고 조건식3을 만족하면 문장3 실행

line 7

sleep(밀리초)

• 제시된 밀리초만큼 다음 명령 실행 지연 (100밀리초 = 0.1초)

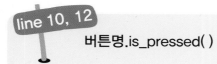

버튼명.is_pressed( )

• 버튼명의 버튼을 눌렀는지 확인
• **버튼명:** button_a(A버튼)와 button_b(B버튼)
• **출력 결과:** True/False로 출력(버튼을 누르면 True, 누르지 않으면 False)

line 6,8

Image.이미지명

- LED 디스플레이에 이미지명의 이미지(내장된 이미지)를 지정함.
- 표정, 동물, 시계, 방향 등 다양한 이미지를 포함하고 있음(199~200쪽 참고).

명령	출력 결과	설명	명령	출력 결과	설명
Image.HEART		하트	Image.HEART_SMALL		작은 하트

 line 8, 11

display.show(출력 내용, loop=True/Fasle, delay=시간)

- LED 디스플레이에 출력 내용이 한 글자씩 출력
- **loop=True/False:** 내용 반복 설정
  True: 반복, False: 반복 안함, 생략 가능(생략할 경우 False)
- **delay=시간:** 출력 내용과 출력 내용 간의 대기 시간
  밀리초(1/1000초) 단위, 생략 가능(생략할 경우 0)
- 문자나 문장은 ' ' 혹은 " "로 묶어서 표현, 숫자는 그대로 작성

 line 13

display.scroll(출력 내용)

- LED 디스플레이에 출력 내용이 오른쪽에서 왼쪽으로 스크롤되면서 출력

※ 참고 사항

- **display.clear( ):** LED 디스플레이에 아무것도 출력하지 않음.
- **버튼명.was_pressed( ):** 이전에 버튼을 눌렀다면 True를, 그렇지 않으면 False를 반환함.
- **버튼명.get_presses( ):** 버튼이 눌렸던 최종 횟수를 반환함. 반환 후 0으로 초기화 됨.

결과를 확인해 볼까?

아래 항목대로 잘 작동하는지 결과를 확인해 봅시다.

영상

Q1 터치 센서를 만지면
"♥ ♥"가 출력되나요?

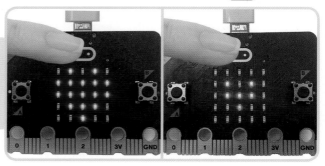

Q2 A버튼을 누르면 "Fighting!"이
한 글자씩 출력되나요?

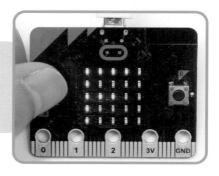

Q3 B버튼을 누르면 "Do your BEST!"가
스크롤 출력되나요?

내 실력 키우기 UP

A버튼을 누르면 10초를 카운트다운하는 타이머를 만들어 봅시다.

소스 코드

조건

① 버튼을 누르기 전에 LED 디스플레이에는 항상 10이 보입니다.
② 버튼을 누른 후, 매 초마다 9, 8 … 1, 0이 되도록 설정합니다.

잘 작동하나요?

오류 발생 해결하기

Q 마이크로비트의 LED 디스플레이에 다음과 같은 문장이 나타난다면?

"Line 8 SyntaxError invalid syntax"

A 8번째 문장의 표현에서 오류가 있는지 확인합니다. 만약 아래 명령문과 같이 명령문에서 button_a.is pressed()의 is와 pressed()가 '_'로 연결되어 있지 않으면 오류 메시지가 발생합니다.

PROJECT 04 자동 밝기 조절등

🐍 무엇을 만들까?

| 우리가 해결할 프로젝트를 알아봅시다.

💡 버튼으로 다른 음악을 들을 수 없을까?

빛 센서를 사용하여 자동으로 밝기를 조절해 주는 전등을 만들어 볼까요?

전등 불빛 세기가 모두 다르네? 어두워질수록 밝기를 조절해 주는 전등이 있으면 좋겠어.

💬 마이크로비트에 내장되어 있는 빛 센서를 이용하여 자동 밝기 조절등을 만들어 봅시다.

⏱ 소요 시간
- 가정에서 개인이 할 경우: 20분
- 학교에서 학급당 수업할 경우: 약 40분

어떤 부품을 사용할까?

| 프로젝트를 해결하기 위해 필요한 부품을 살펴봅시다.

💡 **빛(조도) 센서는 어디에 있을까?**

마이크로비트에서 빛(조도) 센서의 위치를 찾아봅시다.

빛 센서

25개의 LED로 이루어진 LED 디스플레이에 빛 센서의 기능이 내장되어 있습니다.

마이크로비트의 LED 디스플레이에는 주변 빛의 밝기를 측정할 수 있는 빛(조도) 센서가 내장되어 있어 빛의 양을 측정하는 입력 장치로도 사용할 수 있습니다.

학습 돋보기 🔍

빛(조도) 센서는 0(가장 어두울 때) ~ 255(가장 밝을 때)까지의 정숫값으로 주변 밝기를 표현합니다.

일상생활 속에서 빛(조도) 센서가 활용되는 예로, 어두워지면 자동으로 켜지는 가로등, 자동차의 헤드라이트, 밝기에 따라 변하는 스마트폰 화면 액정 등이 있습니다.

어떻게 자동 밝기 조절등을 만들까?

| 자, 지금까지 배운 내용을 바탕으로 프로젝트를 해결해 봅시다.

자동 밝기 조절등은 다음의 과정을 반복하게 됩니다.

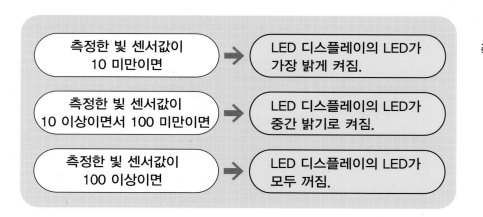

측정한 빛 센서값이 10 미만이면	→	LED 디스플레이의 LED가 가장 밝게 켜짐.
측정한 빛 센서값이 10 이상이면서 100 미만이면	→	LED 디스플레이의 LED가 중간 밝기로 켜짐.
측정한 빛 센서값이 100 이상이면	→	LED 디스플레이의 LED가 모두 꺼짐.

정해진 기준 값인 10, 100은 하나의 예시이며, 주변 환경에 따라 직접 빛 센서값을 측정해 본 후, 자유롭게 기준값을 정하여 사용하면 돼요.

💡 알고리즘으로 표현해 볼까?

실제 프로그램을 작성하기 전에 알고리즘으로 표현해 봅시다.

자연어

다음 과정을 무한 반복

　빛 센서값 측정하기

　만약, 빛 센서값이 10 미만이면
　　LED 디스플레이 가장 밝게 켜기
　만약, 빛 센서값이 10 이상 100
　미만이면
　　LED 디스플레이 중간 밝기로 켜기
　아니면,
　　LED 디스플레이 모두 끄기

순서도

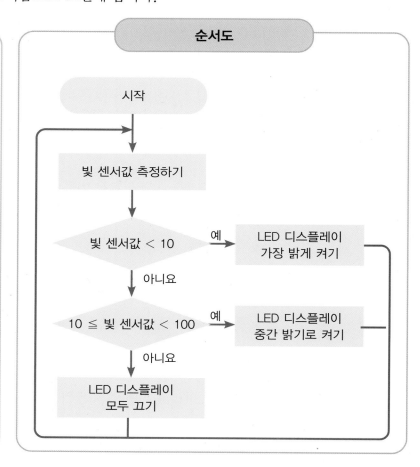

시작

빛 센서값 측정하기

빛 센서값 < 10 — 예 → LED 디스플레이 가장 밝게 켜기

아니요

10 ≤ 빛 센서값 < 100 — 예 → LED 디스플레이 중간 밝기로 켜기

아니요

LED 디스플레이 모두 끄기

💡 프로그램을 작성해 볼까?

마이크로비트의 내장 빛(조도) 센서를 이용하여 알고리즘에 따라 프로그램을 작성해 봅시다.

다시 짚고 넘어가기

> LED 디스플레이는 외부 빛의 밝기를
> 측정하는 빛 센서 역할도 합니다.

💡 잠깐! 알고가기

빛 센서 원리

빛 센서는 광(빛) 에너지를 받으면 내부에 움직이는 전자가 발생하여 전도율이 변하는 광전 효과를 가지는 소자를 사용합니다. 황화카드뮴이라는 광도전 셀(CdS)을 소자로 사용하여 CdS 센서라고 합니다. CdS 센서는 작고 저렴하기 때문에 가장 보편적으로 사용되어 가로등, 자동차의 헤드라이트, 스마트폰 화면 액정 등 일상생활에서도 쉽게 찾아볼 수 있습니다.

빛 센서는 빛의 양에 따라 전도율이 변합니다. 빛의 양이 많아질수록 전도율이 높아져 저항이 낮아집니다. 그러나 전도율이 밝기에 비례하여 증가하는 것이 아니기 때문에 정확한 Lux(밝기) 값을 구하기보다는 밝고 어두운 정도만을 판별하기에 적합합니다.

> 주변이 어두우면 빛 센서의
> 저항값은 커지면서 전도율은 낮아집니다.
> 이 원리를 이용하여 어두워지면
> 자동으로 불이 켜지게 합니다.

CdS

[빛 센서]

열처리한 CdS
(황화카드뮴)
접합
유리 또는
플라스틱
플라스틱
또는 메탈
리드선
밀폐 실드
리드선

[빛 센서 구조도]

본 교재에서는 빛 센서 역할을 하는 마이크로비트의 LED 디스플레이를 활용하는 활동을 제시하였습니다.

아래와 같이 프로그램을 작성하고 마이크로비트로 프로그램을 업로드해 봅시다.

```python
from microbit import *
light1 = Image("99999:99999:99999:99999:99999")    # 가장 밝게
light2 = Image("55555:55555:55555:55555:55555")    # 중간 밝기
light3 = Image("00000:00000:00000:00000:00000")    # LED 모두 끄기
while True:
    level = display.read_light_level()    # 빛 센서값을 level 변수에 저장
    if level < 10:                        # 빛 센서값이 10 미만이면
        display.show(light1)              # light1 이미지 출력(가장 밝게)
    elif level >= 10 and level < 100:     # 빛 센서값이 10 이상이면서 100 미만이면
        display.show(light2)              # light2 이미지 출력(중간 밝기)
    else:                                 # 그렇지 않으면
        display.show(light3)              # light3 이미지 출력(LED 끄기)
    sleep(1000)                           # 1초 지연
```

사용한 명령어 알아보기

    level = display.read_light_level( )

- LED 디스플레이에 비춰지는 빛의 밝기를 감지하여 0에서 255의 정숫값을 level 변수로 반환, 이때 값이 클수록 더 밝다는 의미임.

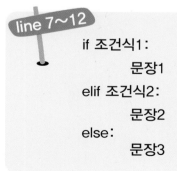

    if 조건식1:
            문장1
    elif 조건식2:
            문장2
    else:
            문장3

- 조건식1을 만족하면 문장1 실행, 그렇지 않고 조건식2를 만족하면 문장2 실행, 조건식1과 조건식2 모두 거짓이면 문장3 실행

결과를 확인해 볼까?

아래 항목대로 잘 작동하는지 결과를 확인해 봅시다.

영상

 빛 센서값이 10 미만이면 LED를 가장 밝게 켜고,
10 이상 100 미만이면 LED를 중간 밝기로 켜고,
100 이상이면 LED를 모두 끄는 것을 확인해요.

Q1 빛 센서값이 10 미만이면 즉, 어두우면 LED 디스플레이가
밝게 켜지나요?

Q2 빛 센서값이 10 이상이고 100 미만 즉, 중간 밝기이면
LED 디스플레이 밝기도 Q1보다 약해지나요?

Q3 빛 센서값이 100 이상이면 즉, 밝으면 LED 디스플레이가
모두 꺼지나요?

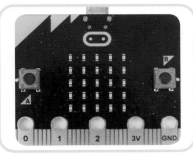

내 실력 키우기 UP

빛 센서값에 따라 5단계 이상 자동으로 밝기가 조절되는 프로그램을 작성해 봅시다.

소스 코드

Tip 조건문(if)을 더 사용해 보세요!

PROJECT 05 스마트 교통 신호등

🐍 무엇을 만들까?

| 우리가 해결할 프로젝트를 알아봅시다.

💡 모든 교통 신호등에 숫자를 넣을 수는 없을까?

교차로 신호등에도 횡단보도 신호등처럼 언제 빨간색 불로 바뀔지 알려 주는 장치를 넣는다면, 사고의 위험이나 교차로 꼬리 물기를 줄일 수 있지 않을까요?

🗨 마이크로비트의 LED 디스플레이와 3색 LED를 이용하여 빨간색 불이 되기까지 남은 시간을 알려주는 스마트 교통 신호등을 만들어 봅시다.

⏱ **소요 시간**
- **가정**에서 개인이 할 경우: 30분
- **학교**에서 학급당 수업할 경우: 약 50분

어떤 부품을 사용할까?

| 프로젝트를 해결하기 위해 필요한 부품을 살펴봅시다.

💡 3색 LED는 어디에 있을까?

3색 LED는 빛의 3원색인 빨간색 LED(R), 녹색 LED(G), 파란색 LED(B) 빛의 양을 조절하여 다양한 색을 만들 수 있는 LED로 RGB LED라고도 합니다. 마이크로비트에 내장되어 있지 않으므로 별도의 3색 LED를 부착해야 합니다.

3색 LED는 세가지 색을 제어하는 핀과 GND핀 총 4개의 핀을 가지고 있습니다.

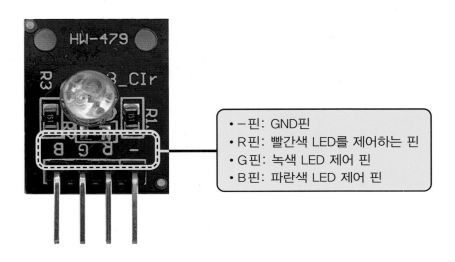

- －핀: GND핀
- R핀: 빨간색 LED를 제어하는 핀
- G핀: 녹색 LED 제어 핀
- B핀: 파란색 LED 제어 핀

흰색은 255, 255, 255이고, 검은색은 0, 0, 0으로 표현해요.

RGB 빛의 양을 0~255까지의 값으로 제어할 수 있습니다. 색상별 RGB값은 다음 색상표를 참고하세요.

색상	R	G	B	색상	R	G	B	색상	R	G	B
red	255	0	0	greenyellow	173	255	47	blue	0	0	255
dark red	139	0	0	green	0	128	0	deepskyblue	0	191	255
orange	255	165	0	darkgreen	0	100	0	navy	0	0	128
yellow	255	255	0	light green	144	238	144	darkblue	0	0	139

〈RGB 색상표〉

생각 되짚어보기

만약, LED 디스플레이를 제어하는 방법이 잘 생각나지 않는다면?

▶ 34쪽 PROJECT 01로 가세요.

💡 3색 LED를 제어하려면 어떤 핀을 사용할까?

오른쪽 사진처럼 3색 LED를 마이크로비트에 연결하려면 점퍼 와이어(암-수)와 악어 클립 케이블을 이용합니다.

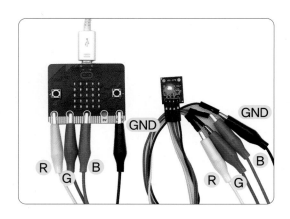

준비물				
마이크로비트	3색 LED	악어 클립 케이블	점퍼 와이어 (암-수)	USB 케이블

3색 LED는 "Arduino RGB LED Module"로 검색하면 구매할 수 있습니다. 종류에 따라 가격 차이가 날 수 있어요.

🔍 학습 돋보기

점퍼 와이어(암-수)와 악어 클립 케이블을 이용합니다.

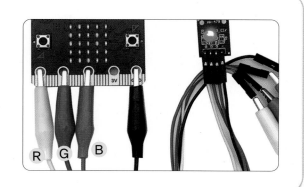

- 3색 LED의 빨간색(R)핀은 마이크로비트의 0번핀에 연결합니다.
- 녹색(G)핀은 마이크로비트의 1번핀에 연결합니다.
- 파란색(B)핀은 마이크로비트의 2번핀에 연결합니다.

※ RGB 각 색은 악어 클립 케이블의 색과 관련이 없습니다.

어떻게 스마트 교통 신호등을 만들까?

| 자, 지금까지 배운 내용을 바탕으로 프로젝트를 해결해 봅시다.

스마트 교통 신호등은 다음의 과정을 반복하게 됩니다.

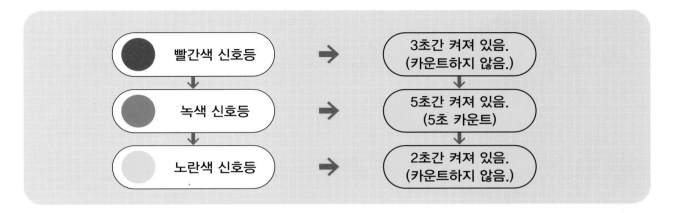

🔍 알고리즘으로 표현해 볼까?

실제 프로그램을 작성하기 전에 알고리즘을 표현해 봅시다.

자연어	순서도
다음 과정을 무한 반복 빨간색 불 3초 점등 빨간색 불 소등 녹색 불 5초 점등 녹색 불 소등 노란색 불 2초 점등 노란색 불 소등	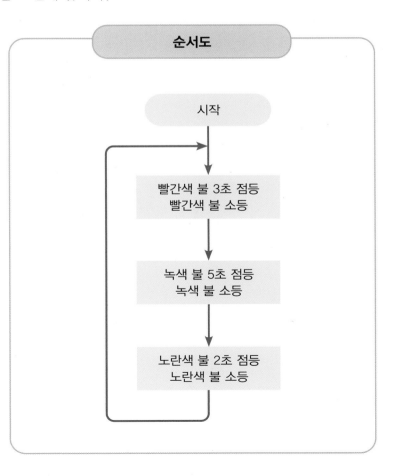

💡 프로그램을 작성해 볼까?

3색 LED를 활용하는 회로를 구성하고, 알고리즘에 따라 프로그램을 작성해 봅시다.

다시 짚고 넘어가기

- 숫자(초)를 세는 역할을 하는 LED 디스플레이는 마이크로비트에 내장되어 있기 때문에 회로를 구성하지 않아요.
- 신호등의 색을 표현하는 3색 LED의 R, G, B, −는 순서대로 마이크로비트의 0번, 1번, 2번, GND 핀에 연결합니다.

아래와 같이 프로그램을 작성하고, 마이크로비트로 프로그램을 업로드해 봅시다.

🐍 Python   ●●●

```
1    from microbit import *          # 마이크로비트 모듈의 모든 명령 사용
2
3    while True:                      # 무한 반복
4        pin0.write_digital(1)        # 0번핀에 연결된 빨간색 LED 켜기(켜기:1, 끄기: 0)
5        sleep(3000)                  # 3초 지연
6        pin0.write_digital(0)        # 0번핀에 연결된 빨간색 LED 끄기
7        pin1.write_digital(1)        # 1번핀에 연결된 녹색 LED 켜기
8        for a in range(6):           # a값이 0에서 5까지 총 6회 반복하기
9            display.show(5-a)        # 25개 LED 디스플레이에 5초 카운팅 보여 주기
10           sleep(1000)              # 1초 지연
11       pin1.write_digital(0)        # 1번핀에 연결된 녹색 LED 끄기
12       pin0.write_digital(1)        # 노란색을 만들기 위해 0번핀에 연결된 빨간색 LED 켜기
13       pin1.write_digital(1)        # 노란색을 만들기 위해 1번핀에 연결된 녹색 LED 켜기
14       display.clear()             # 25개 LED 디스플레이 초기화
15       sleep(2000)                  # 2초 지연
16       pin0.write_digital(0)        # 0번핀에 연결된 빨간색 LED 끄기
17       pin1.write_digital(0)        # 1번핀에 연결된 녹색 LED 끄기
```

💡 잠깐! 알고가기

- **":" 빼먹으면 생기는 오류(Line x SyntaxError Unvalid syntax)**
  x줄에 유효하지 않은 문법을 사용했다는 문법 오류가 출력됩니다. 중요하기 때문에 자주 제시됩니다.

- **"."의 중요성**
  display와 show( ) 사이의 "."은 display를 활용하여 무엇을 할 것인가를 나타내는 점으로 반드시 있어야 합니다.

while True:

• 참(True)인 동안 무한 반복할 때 사용

핀번호.write_digital(0/1)

• 해당 핀번호에 연결된 장치의 동작 제어 명령(0: 작동하지 않음. / 1: 작동함.)
• **핀번호**: 마이크로비트 하단의 번호(해당 번호)에 연결된 장치 제어
• **write_digital(0/1)**: 0(끄기, 전류 흐르지 않음.) 또는 1(켜기, 전류 흐름.)로 구성된 디지털 신호를 내보냄.

> 예 pin0.write_digital(1): 0번핀 번호에 연결된 장치를 작동시키기

for 변수 in range(숫자):

• 변수를 0에서 시작하여 1씩 증가시키며 숫자보다 1작은 수까지의 정수가 될 때까지 반복
• **for**: 특정 횟수만큼 반복할 때 사용
• **in**: ~ 내에서
• **range(숫자)**: 숫자 범위, 0부터 시작하여 (숫자-1)만큼 반복

> 예 range(5): 0, 1, 2, 3, 4 정수를 의미

display.clear( )

• 마이크로비트 LED 디스플레이를 초기화시켜 모든 LED가 꺼지도록 함.

sleep(밀리초)

• 제시된 밀리초만큼 다음 명령 실행 지연

> 예 sleep(2000): 2초 지연

결과를 확인해 볼까?

| 아래 항목대로 잘 작동하는지 결과를 확인해 봅시다.

영상

LED 디스플레이에는
녹색 불인 동안에만 5부터 0까지
시간이 출력돼요.

Q1 빨간색 불이 3초간 지속되나요?

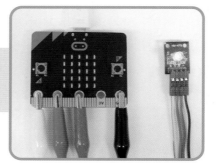

Q2 녹색 불이 켜지면서 1초 간격으로
5~0까지 숫자가 나타나나요?

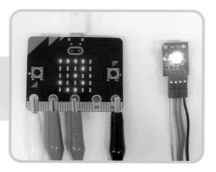

Q3 노란색 불은 2초간 지속되나요?

신호등의 불이 빨간색일 때에는 마이크로비트 LED 디스플레이에 "×" 표시가, 녹색일 때에 "○" 표시가 나타나도록 프로그램을 수정해 봅시다.

소스 코드

Tip 프로그램을 좀 더 간단히 하기 위해 Image 명령으로 YES, NO를 사용할 수도 있어요.
(교재 200쪽 참조)

잘 작동하나요?

오류 발생 해결하기

Q 원하는 색이 안 나와요.

A 그렇다면, 아래 두 상황이 아닌지 확인해 보세요.

① 3색 LED의 각 색별 핀과 마이크로비트의 핀 연결이 맞게 되었는지 확인해 보세요. 혹시 빨간색을 0번핀이 아닌 1번핀 또는 2번핀에 연결했을 수도 있어요.

② 프로그램에서도 핀번호를 정확히 작성했는지 확인해 보세요. 혹시 빨간색 악어 케이블을 0번핀에 연결하고 프로그램에서 1 또는 2로 설정했을 수 있어요.

◀ 스피커

PROJECT 06 음악 연주

무엇을 만들까?

| 우리가 해결할 프로젝트를 알아봅시다.

💡 버튼으로 다른 음악을 들을 수 없을까?

기분이나 계절에 따라 듣고 싶은 음악이 다를 때가 있을 거예요. 마이크로비트의 A버튼과 B버튼을 각각 눌러 다른 곡이 연주되도록 해 볼까요?

📋 마이크로비트의 버튼과 스피커를 이용하여 기분 또는 계절에 따라 듣고 싶은 음악을 연주해 봅시다.

⏱ 소요 시간
- **가정**에서 개인이 할 경우: 20~30분
- **학교**에서 학급당 수업할 경우: 약 50분

어떤 부품을 사용할까?

| 프로젝트를 해결하기 위해 필요한 부품을 살펴봅시다.

💡 **내장된 스피커는 어떤 기능이 있을까?**

마이크로비트에 외부 장치 스피커를 연결시켜서 소리를 출력할 수 있지만, 뉴마이크로비트에서는 스피커가 내장되어 있어 소리를 쉽고 편리하게 출력할 수 있습니다.

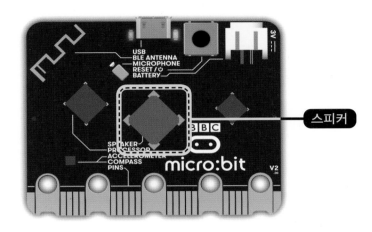

내장된 기본 멜로디뿐만 아니라 다양한 새로운 소리를 출력할 수 있습니다. 그리고 스피커의 소리 크기는 0~255까지 설정할 수 있습니다.

학습 톺아보기 🔍

뉴마이크로비트에 스피커가 내장되어 있지만, 외부 장치인 버저나 스피커를 연결하여 소리를 출력할 수도 있습니다.

피에조 버저

피에조(piezo: 얇은 금속판)의 미세한 떨림으로 소리를 내는 스피커로, 소리가 크지 않고 가격이 저렴합니다.

마이크로비트용 스피커

마이크로비트 전용 스피커로, 소리가 깔끔하고 크며 가격이 비쌉니다.

💡 외부 장치 스피커를 제어하려면 핀을 어떻게 연결해야 할까?

마이크로비트에 피에조 버저나 마이크로비트용 스피커를 연결하려면 악어 클립 케이블이 필요합니다.

준비물

마이크로비트v2   USB 케이블

외부 장치 연결 시 준비물

또는

피에조 버저   마이크로비트용
스피커   악어 클립 케이블

외부 장치 회로 구성-버저, 스피커

악어 클립 케이블을 사용하여 아래와 같이 연결합니다.

마이크로비트	피에조 버저	마이크로비트용 스피커
0번핀	양(⊕)극	IN
3V	−	3V
GND	음(⊖)극	GND

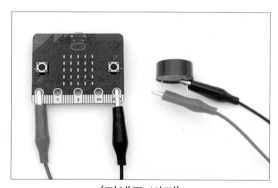

〈피에조 버저〉

〈마이크로비트용 스피커〉

프로그래밍할 때 음악을 연주하는 명령은
0번핀에 연결되어 있다고 자동으로 인식하므로,
0번핀을 사용할 경우에는 프로그램에서 별도로 핀을
설정할 필요가 없어 편리해요.

 **어떻게 음악을 연주할까?**

| 자, 지금까지 배운 내용을 바탕으로 프로젝트를 해결해 봅시다.

버튼에 따라 서로 다른 음악이 연주되도록 합니다.

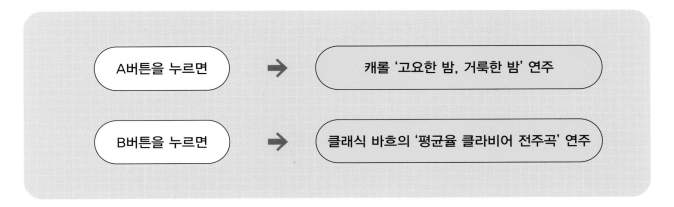

💡 알고리즘으로 표현해 볼까?

실제 프로그램을 작성하기 전에 알고리즘으로 표현해 봅시다.

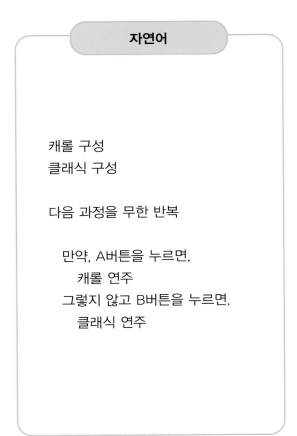

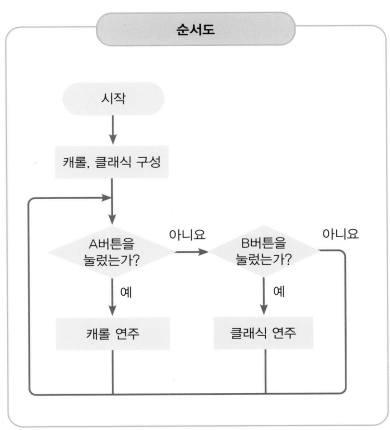

💡 프로그램을 작성해 볼까?

알고리즘에 따라 프로그램을 작성해 봅시다.

아래와 같이 프로그램을 작성하고, 마이크로비트로 프로그램을 업로드해 봅시다.

```python
from microbit import *        # 마이크로비트 모듈의 모든 명령 사용
import music                  # 음악 모듈 사용

carol = [          # 고요한 밤, 거룩한 밤
    'g4:3', 'a:1', 'g:2', 'e:6', 'g:3', 'a:1', 'g:2', 'e:6',
    'd5:4', 'd5:2', 'b4:6', 'c5:4', 'c5:2', 'g4:6', 'a:4', 'a:2', 'c5:3', 'b4:1', 'a:2',
    'g:3', 'a:1', 'g:2', 'e:6', 'a:4', 'a:2', 'c5:3', 'b4:1', 'a:2',
    'g:3', 'a:1', 'g:2', 'e:6', 'd5:4', 'd5:2', 'f5:3', 'd5:2', 'b4:2', 'c5:6', 'e5:6',
    'c5:2', 'g4:2', 'e:2', 'g:3', 'f:1', 'd:2', 'c:6'
]

classic = [        # 바흐 전주곡(출처: UCL's BBC Micro:bit Tutorials)
    'c4:1', 'e', 'g', 'c5', 'e5', 'g4', 'c5', 'e5', 'c4', 'e', 'g', 'c5', 'e5', 'g4', 'c5', 'e5',
    'c4', 'd', 'a', 'd5', 'f5', 'a4', 'd5', 'f5', 'c4', 'd', 'a', 'd5', 'f5', 'a4', 'd5', 'f5',
    'b3', 'd4', 'g', 'd5', 'f5', 'g4', 'd5', 'f5', 'b3', 'd4', 'g', 'd5', 'f5', 'g4', 'd5', 'f5',
    'c4', 'e', 'g', 'c5', 'e5', 'g4', 'c5', 'e5', 'c4', 'e', 'g', 'c5', 'e5', 'g4', 'c5', 'e5',
    'c4', 'e', 'a', 'e5', 'a5', 'a4', 'e5', 'a5', 'c4', 'e', 'a', 'e5', 'a5', 'a4', 'e5', 'a5',
    'c4', 'd', 'f#', 'a', 'd5', 'f#4', 'a', 'd5', 'c4', 'd', 'f#', 'a', 'd5', 'f#4', 'a', 'd5',
    'b3', 'd4', 'g', 'd5', 'g5', 'g4', 'd5', 'g5', 'b3', 'd4', 'g', 'd5', 'g5', 'g4', 'd5', 'g5',
    'b3', 'c4', 'e', 'g', 'c5', 'e4', 'g', 'c5', 'a3', 'c4', 'e', 'g', 'c5', 'e4', 'g', 'c5',
    'a3', 'c4', 'e', 'g', 'c5', 'e4', 'g', 'c5', 'a3', 'c4', 'e', 'g', 'c5', 'e4', 'g', 'c5',
    'd3', 'a', 'd4', 'f#', 'c5', 'd4', 'f#', 'c5', 'd3', 'a', 'd4', 'f#', 'c5', 'd4', 'f#', 'c5',
    'g3', 'b', 'd4', 'g', 'b', 'd', 'g', 'b', 'g3', 'b3', 'd4', 'g', 'b', 'd', 'g', 'b'
]

while True:
    if button_a.is_pressed():        # 만약, A버튼을 누르면
        music.play(carol)            # carol 연주
    elif button_b.is_pressed():      # 그렇지 않고 B버튼을 누르면
        music.play(classic)          # classic 연주
```

스피커 활용

https://python.microbit.org/v/3/reference/sound에서 스피커의 다양한 활용안을 참조하세요. 말하기 모듈은 'PROJECT 07 내 마음을 전하는 카드'에서 자세히 배워요.

line 2

import music

• 음악 연주와 관련 있는 모든 명령을 사용하기 위한 모듈을 호출함.

line 28, 30

music.play(리스트명)

• ( ) 안 '리스트명'에 저장된 음악을 연주함.

💡 잠깐! 알고가기

마이크로비트로 연주하는 악보는 어떻게 만들죠?

한 음을 연주하는 기본 공식은 다음과 같습니다.

• 음이름: 각 음을 의미하는 C(도), D(레), E(미), F(파), G(솔), A(라), B(시)
• 옥타브: 제일 왼쪽 도(1옥타브), 그 다음 도(2옥타브) …
• 박자: 그 음을 연주하는 길이

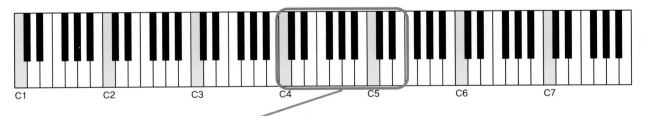

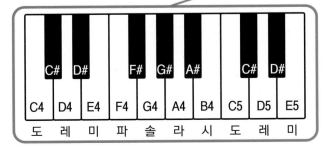

예 C4:4
피아노에서 가장 기본 옥타브(열쇠 구멍 위의 오른손 기본 위치)인 4옥타브의 도(C)를 4박자로 연주하라는 의미입니다.

결과를 확인해 볼까?

| 아래 항목대로 잘 작동하는지 결과를 확인해 봅시다.

외부 장치 연결 영상

Q1 A버튼을 누르면 캐롤이 연주되나요?

내부 스피커

외부 장치

Q2 B버튼을 누르면 클래식이 연주되나요?

내부 스피커

외부 장치

내 실력 키우기 UP

듣고 싶은 음악을 한 곡 더 추가한 후, A버튼과 B버튼을 동시에 누르면 추가한 곡이 연주되는 프로그램을 작성해 봅시다.

소스 코드

Tip A버튼과 B버튼을 동시에 누르는 명령어에 논리 연산자 'and'를 사용하세요!

다른 음악 쉽게 불러오기

마이크로비트 파이썬에서는 music 모듈을 사용하여 내장된 음악을 재생할 수 있습니다. music 모듈을 불러올 때에는 다음과 같은 명령을 사용합니다.

공식

```
music.play(music.음악명)
```

music 모듈에 내장된 음악은 다음과 같습니다.

음악명	설명	음악명	설명
DADADADUM	베토벤 교향곡 5번 다 단조	PUNCHLINE	농담할 때 트는 음악
ENTERTAINER	피아니스트 스콧 조플린의 래그타임 장르의 곡 "엔터네이너"의 도입부	PYTHON	취주악 지휘자인 존 필립 수자의 행진곡 "자유의 종", 일명 "몬티 파이썬의 비행 서커스"
PRELUDE	바흐의 『48개의 전주곡과 푸가』 중 첫 번째 전주곡 다 장조의 도입부	BADDY	무성 영화에서 악당 등장 음악
ODE	베토벤 교향곡 9번 라 단조에서 "환희의 송가" 부분	CHASE	무성 영화에서 추격신 음악
NYAN	Nyan Cat(http://www.nyan.cat) 주제 음악	BA_DING	사건 발생을 알리는 짧은 신호음
RINGTONE	휴대폰 벨소리	WAWAWAWAA	슬픈 트롬본 소리
FUNK	비밀 요원과 범죄자를 위한 펑키 베이스 라인	JUMP_UP	게임에서 점프 음향 효과
BLUES	부기-우기 12마디 블루스 워킹 베이스 라인	JUMP_DOWN	게임에서 아래로 떨어지는 음향 효과
BIRTHDAY	생일 축하곡	POWER_UP	성공 팡파레
WEDDING	바그너의 오페라 "로엔그린" 중 신부 합창	POWER_DOWN	실패 팡파레
FUNERAL	쇼팽의 피아노 소나타 2번 나 단조 "장송 행진곡"		

🐍 Python ●●●

```python
1  from microbit import *
2  import music
3
4  music.play(music.NYAN)
5  sleep(1000)
6  music.play(music.BADDY)
7  sleep(1000)
8  music.play(music.BA_DING)
```

〈실행 결과〉

프로그램을 실행하면 NYAN, BADDY, BA_DING을 차례대로 연주합니다.

내 마음을 전하는 카드

🐍 무엇을 만들까?

| 우리가 해결할 프로젝트를 알아봅시다.

💡 나의 마음을 말과 노래로 대신 전할 방법은 없을까?

생일을 맞이한 친구에게 내가 작곡한 음악의 제목을 말하고 음악을 연주하는 생일 카드를 전달해 보면 어떨까요?

💬 마이크로비트의 스피커를 이용하여 말도 하고 노래도 하는 카드를 만들어 봅시다.

⏱ **소요 시간**
- **가정**에서 개인이 할 경우: 20~30분
- **학교**에서 학급당 수업할 경우: 약 50분

어떤 부품을 사용할까?

| 프로젝트를 해결하기 위해 필요한 부품을 살펴봅시다.

🔍 스피커를 제어하려면 어떤 핀을 사용할까?

뉴마이크로비트에는 자체적으로 소리를 출력할 수 있는 스피커가 내장되어 있습니다. 그리고 마이크로비트의 디지털 아날로그 입출력 단자를 이용해 외부 스피커나 이어폰 단자, 피에조 버저 등과 연결하여 소리를 출력할 수 있습니다.

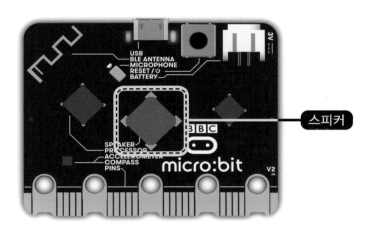

외부 장치 회로 구성-이어폰

이어폰에는 입출력 단자가 있기 때문에 마이크로비트와 연결할 때 이에 맞게 연결해야 합니다. 악어 클립 케이블을 이용하여 마이크로비트의 0번핀은 이어폰 스피커(왼쪽)에, GND는 그라운드(GND)에 연결합니다.

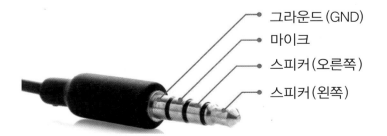

그라운드(GND)
마이크
스피커(오른쪽)
스피커(왼쪽)

어떻게 내 마음을 전하는 카드를 만들까?

| 자, 지금까지 배운 내용을 바탕으로 프로젝트를 해결해 봅시다.

버튼에 따라 다른 음악이 연주되도록 해 봅시다.

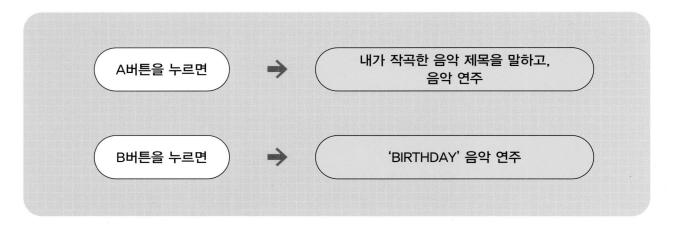

💡 알고리즘으로 표현해 볼까?

실제 프로그램을 작성하기 전에 알고리즘으로 표현해 봅시다.

자연어	순서도
tune 리스트에 직접 만든 멜로디 구성 다음 과정을 무한 반복 　만약, A버튼을 누르면 　　멜로디 제목 말하기 　　tune 리스트 멜로디 연주 　　0.5초 지연 　그렇지 않고 B버튼을 누르면 　　BIRTHDAY 음악 연주 　　0.5초 지연	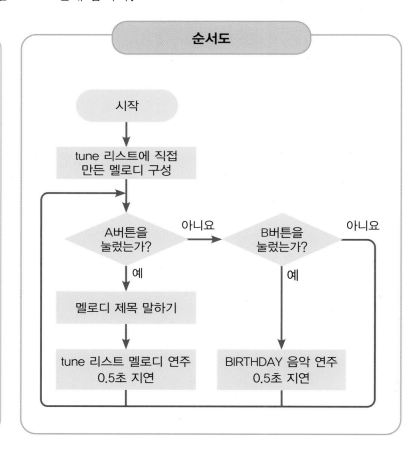

💡 프로그램을 작성해 볼까?

알고리즘에 따라 프로그램을 작성해 봅시다.

아래와 같이 프로그램을 작성하고, 마이크로비트로 프로그램을 업로드해 봅시다.

```python
from microbit import *                                      # 마이크로비트 모듈의 모든 명령 사용
import music                                                # 음악 모듈 사용
import speech                                               # 말하기 모듈 사용

tune=["D4:4", "E4:4", "G4:2", "G4:2", "G4:2", "G4:1", "G4:2",
      "G4:1", "G4:2"]                                       # 직접 만든 멜로디

while True:                                                 # 멜로디 제목 말하기
    if button_a.is_pressed():                               # 만약, A버튼을 누르면
        speech.say("baby shark", speed=120, pitch=100, throat=100, mouth=200)
        sleep(500)                                          # 0.5초 지연
        music.play(tune, wait=False)                        # tune 리스트 멜로디 연주
        sleep(500)                                          # 0.5초 지연

    elif button_b.is_pressed():                             # 그렇지 않고 B버튼을 누르면
        music.play(music.BIRTHDAY, wait=False)              # 'BIRTHDAY' 음악 연주
        sleep(500)                                          # 0.5초 지연
```

다시 짚고 넘어가기

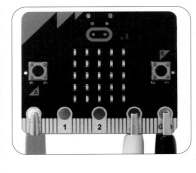

- 버튼과 스피커는 마이크로비트에 내장되어 있기 때문에 회로를 구성하지 않아요.
- 피에조 버저의 경우 ⊕, ⊖극을 순서대로 0번, GND 핀에 연결해요.
- 스피커의 경우 IN, 3V, GND 순서대로 0번, 3V, GND 핀에 연결해요.
- ※이어폰을 사용하면 소리를 들을 수 있습니다. 이어폰 연결은 81쪽을 참고하세요.

line 2

import music

- 음악 연주와 관련 있는 모든 명령을 사용하기 위한 모듈을 호출함.

line 3

import speech

- 말하기 모듈을 호출함.

line 10

speech.say("baby shark", speed=120, pitch=100, throat=100, mouth=200)

- speech 모듈의 say 메서드를 사용하여 음성을 출력함.
- speed는 말하는 속도, pitch는 음성 사운드의 높낮이, throat는 음색의 편안함 정도, mouth는 음성의 명확도로 범위는 0~255까지임.

line 12

music.play(리스트명)

- ( ) 안 '리스트명'에 저장된 음악을 연주함.

line 16

music.play(music.음악명, wait=False)

- music 모듈에 내장된 음악을 재생함.(교재 79쪽 참조)
- wait는 True 또는 False로 설정 가능하며, wait = False라는 것은 멜로디 재생이 끝날 때까지 다른 명령어는 실행되지 않는다는 의미임.

결과를 확인해 볼까?

| 아래 항목대로 잘 작동하는지 결과를 확인해 봅시다.

외부 장치 연결 영상

Q1 A버튼을 누르면 음악 제목을 말한 뒤, 내가 작곡한 음악이 연주되나요?

Q2 B버튼을 누르면 'BIRTHDAY' 음악이 연주되나요?

카드 도안은 201쪽과 203쪽에 있어요.

내 실력 키우기 UP

1. A버튼의 기능은 그대로 두고, B버튼을 누르면 'musicbox' 리스트에 담은 7개의 음악이 무작위로 연주되는 프로그램을 작성해 봅시다.

소스 코드

Tip musicbox 리스트를 만드는 쿄드를 활용하세요.
musicbox = [music.음악1, music.음악2, music.음악3 …]

2. 빛 센서를 활용하여 카드를 펼쳤을 때 음악이 연주되는 프로그램을 작성해 봅시다.

소스 코드

Tip 62쪽 빛 센서 제어하는 명령어를 사용하세요.

PROJECT 08 소리 감응 얼굴

🐍 무엇을 만들까?

| 우리가 해결할 프로젝트를 알아봅시다.

💡 **소리의 크기에 따라 표정을 어떻게 바꿀까?**

누군가가 나를 응원해 주면 힘이 납니다. 응원 소리에 따라 표정이 바뀌는 소리 감응 얼굴을 만들어 볼까요?

💬 마이크로비트의 마이크와 LED 디스플레이를 이용하여 소리 세기(크기)에 따라 달라지는 표정을 만들어 봅시다.

⏱ **소요 시간**
- **가정**에서 개인이 할 경우: 20~30분
- **학교**에서 학급당 수업할 경우: 약 50분

어떤 부품을 사용할까?

| 프로젝트를 해결하기 위해 필요한 부품을 살펴봅시다.

💡 소리 센서는 무엇일까?

마이크로비트에는 마이크가 내장되어 있어 소리의 세기(크기)를 측정하는 입력장치로 사용할 수 있습니다. 또한 마이크로비트에 연결할 수 있는 소리 센서에는 다양한 종류가 있습니다. 이 프로젝트에서는 아래의 같이 내장된 마이크를 사용합니다.

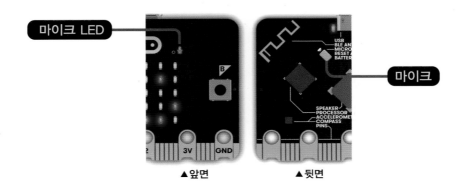

▲ 앞면   ▲ 뒷면

마이크가 내장되어 있기에 크고 작은 소리에 반응하거나 주변 소리 크기를 측정하는 프로그램을 만들 수 있습니다. 마이크가 소리 크기를 측정 시 마이크로비트 앞면 상단에 마이크 LED가 나타납니다. 마이크 LED 표시등의 바로 왼쪽에 소리가 입력되는 작은 구멍이 있습니다. 마이크는 0부터 255까지의 범위로 소리의 세기(크기)를 측정할 수 있으며, 0은 측정할 수 있는 가장 작은 값이고, 255는 가장 시끄러운 값이라고 볼 수 있습니다.

외부 장치 회로 구성-소리 센서

소리 센서는 AO, GND, ⊕, DO 이렇게 4개의 핀을 가지고 있습니다.

소리 센서값은 0부터 1023까지로, 총 1024단계로 구분됩니다. 소리 크기가 작을수록 0에 가까워지고, 반대로 소리 크기가 클수록 1023에 가까워집니다.

점퍼 와이어(암-수)와 악어 클립 케이블을 이용하여 연결합니다. 소리 센서의 AO핀은 마이크로비트의 0번핀에, GND핀은 GND에, ⊕핀은 3V에 연결합니다.

아날로그 입력 — AO
GND — G
5V — +
디지털 입력 — DO

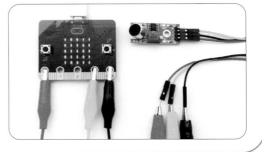

어떻게 소리 감응 얼굴을 만들까?

▌자, 지금까지 배운 내용을 바탕으로 프로젝트를 해결해 봅시다.

소리 크기에 따라 서로 다른 얼굴 표정이 출력되도록 합니다. 큰 소리로 '아' 하면 약 70의 값이 출력됩니다(사람마다 약간씩 차이가 있으니 기준값을 다르게 해 보세요.).

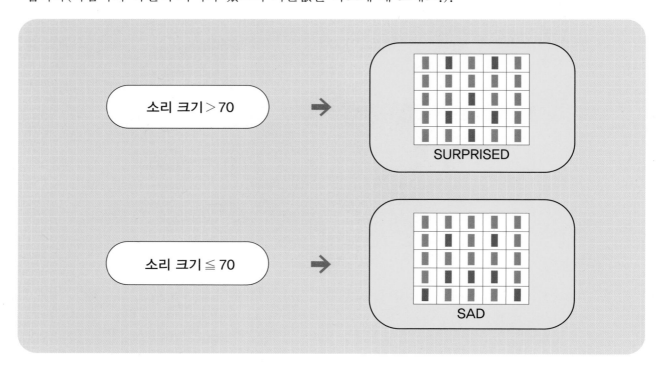

ⓠ 알고리즘으로 표현해 볼까?

실제 프로그램을 작성하기 전에 알고리즘을 표현해 봅시다.

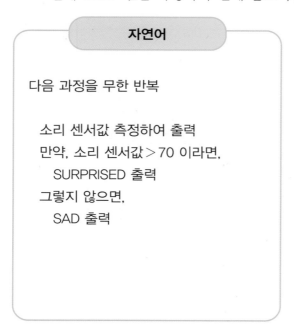

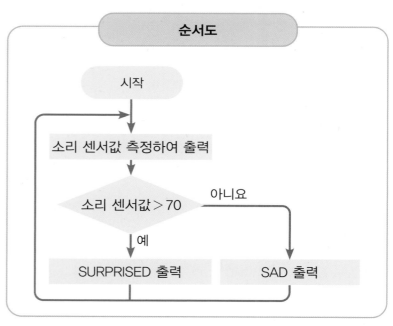

💡 프로그램을 작성해 볼까?

마이크로비트의 내장 마이크 또는 외부 장치인 소리 센서를 활용하는 회로를 구성하고, 알고리즘에 따라 프로그램을 작성해 봅시다.

다시 짚고 넘어가기

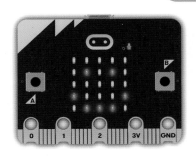

> 마이크는 뉴마이크로비트에 내장되어 있기 때문에 회로를 구성하지 않습니다.

외부 장치 연결 시

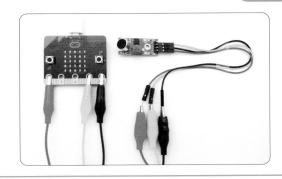

- LED 디스플레이는 마이크로비트에 내장되어 있기 때문에 회로를 구성하지 않습니다.
- 소리 센서만 AO, GND, ⊕ 순서대로 0번핀, GND, 3V핀에 연결합니다.

아래와 같이 프로그램을 작성하고, 마이크로비트로 프로그램을 업로드해 봅시다.

🐍 Python

```python
1   from microbit import *
2
3   while True:
4       sound = microphone.sound_level()      #내장 마이크를 통해 소리 크기 측정
5       display.scroll(sound)                  # 읽어온 소릿값 출력
6       if sound > 70:                         # 소리 센서값이 70 초과이면
7           display.show(Image.SURPRISED)      # 내장된 SURPRISED 이미지 출력
8       else:                                  # 소리 센서값이 800 이하이면
9           display.show(Image.SAD)            # 내장된 SAD 이미지 출력
10      sleep(1000)                            # 1초 지연
11      display.clear()                        # LED 디스플레이 지우기
```

line 4

```
microphone.sound_level( )
```

- 내장된 마이크(소리 센서)를 통해 0부터 255까지의 범위로 소리 크기를 측정하는 명령
  (0은 측정할 수 있는 가장 작은 값이고, 255는 측정할 수 있는 가장 큰 값)
- 외부 장치 소리 센서를 연결할 경우: sound = pin0.read_analog( ) 명령 사용

※ 참고 사항

- `microphone.current_event() == SoundEvent.LOUD` #소리의 크기가 시끄러우면
- `microphone.current_event() == SoundEvent.QUIET` #소리의 크기가 조용하면

※ microphone 명령어에 관해 궁금하다면 'micro:bit Python 편집기의 참조'를 확인하세요.

결과를 확인해 볼까?

| 아래 항목대로 잘 작동하는지 결과를 확인해 봅시다.

외부 장치 연결 영상

Q1 소리 센서값이 70 초과하면 SURPRISED 표정이 출력되나요?

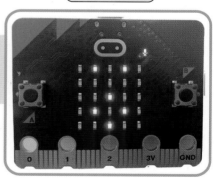

Q2 소리 센서값이 70 이하이면 SAD 표정이 출력되나요?

소스 코드

디스플레이의 LED 25개가 소리 센서값에 따라 각각 다른 밝기를 출력하는 프로그램을 작성해 봅시다.

Tip 아래 코드를 사용하세요.

```
display.set_pixel(x, y, volume)
```

위 코드의 의미는 디스플레이의 (x, y) 픽셀의 밝기를 volume만큼 밝히라는 것으로, volume은 0~9의 정숫값으로 표현합니다.

잘 작동하나요?

오류 발생 해결하기

Q 마이크로비트의 LED 디스플레이에 표정이 나타나지 않는다면?

A 코드에서 표정이 출력되는 명령의 철자를 확인해 보세요. 이때 표정을 나타내는 이미지 명령은 대문자로 입력해야 합니다.

예 Image.HAPPUY → 오류(철자 오류)
Image.happy → 오류(소문자 사용)

PROJECT
09
폭염 알림이

🐍 무엇을 만들까?

우리가 해결할 프로젝트를 알아봅시다.

💡 **마이크로비트를 활용하여 폭염 상태를 알려 주는 폭염 알림이는 어떻게 만들까?**

일일 최고 기온이 33도 이상이 되면 폭염이라고 하고, 33도 이상인 상태가 2일 이상 지속될 것으로 예상하는 것을 폭염 주의보라고 합니다. 폭염으로 인한 사고를 예방하기 위해 33도 이상일 때 경보음을 울리는 장치를 만들어 보면 어떨까요?

💬 마이크로비트의 온도 센서와 스피커를 이용하여 폭염 알림이를 만들어 봅시다.

⏱️ **소요 시간**
- **가정**에서 개인이 할 경우: 30분
- **학교**에서 학급당 수업할 경우: 약 50분

어떤 부품을 사용할까?

| 프로젝트를 해결하기 위해 필요한 부품을 살펴봅시다.

💡 온도 센서는 어디에 있을까?

마이크로비트에서 온도 센서의 위치를 찾아봅시다.

섭씨온도란 1742년 스웨덴의 천문학자 안데르스 셀시우스가 처음 제안하여 셀시우스(Celsius) 또는 섭씨온도라고 해요. 물이 어는점을 0도, 물이 끓는점을 100도로 정한 온도 체계이며, 단위로 °C를 쓰고 있어요.

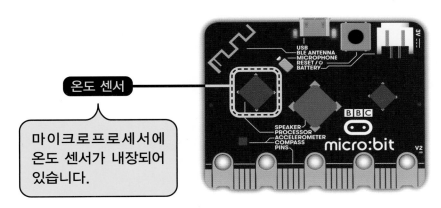

온도 센서

마이크로프로세서에 온도 센서가 내장되어 있습니다.

마이크로비트에는 주변의 온도를 섭씨 단위로 측정할 수 있는 온도 센서 장치가 내장되어 있습니다. 이 온도 센서는 마이크로프로세서에 내장되어 있어요. 단, 마이크로비트에는 열을 발생시키는 여러 장치들이 내장되어 있기 때문에 온도 센서가 측정한 값은 실제의 온도값과 다소 차이가 있을 수 있습니다.

💡 스피커는 어디에 있을까?

마이크로비트에서 스피커의 위치를 찾아봅시다.

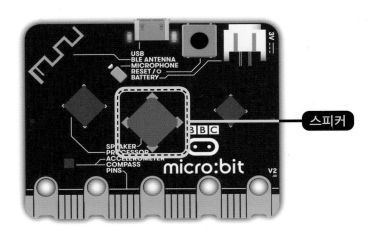

스피커

뉴마이크로비트에는 스피커가 내장되어 있어 외부 스피커를 연결하여 소리를 출력하지 않아도 됩니다. 하지만 외부 스피커 장치를 이용할 수도 있습니다. 스피커의 다양한 종류는 PROJECT 07. 내마음을 전하는 카드 활동에서 알아보았습니다.

💡 장치 연결은 어떻게 할까?

폭염 경보음이 울리도록 하기 위해 기본적으로 내장된 스피커를 사용하지만 외부 장치인 피에조 버저나 마이크로비트용 스피커를 사용하는 방법도 알아봅니다. 외부 장치를 이용하는 경우에는 악어 클립 케이블을 사용하여 마이크로비트와 연결합니다.

준비물 | 외부 장치 연결 시 준비물

마이크로비트 · USB 케이블 · 피에조 버저 · 또는 · 마이크로비트용 스피커 · 악어 클립 케이블

외부 장치 회로 구성-스피커

아래 표를 참고하여 마이크로비트와 피에조 버저 또는 마이크로비트용 스피커를 연결하는 방법을 다시 한 번 알아봅시다.

마이크로비트	피에조 버저	마이크로비트용 스피커
0번핀	양(⊕)극	IN
3V	−	3V
GND	음(⊖)극	GND

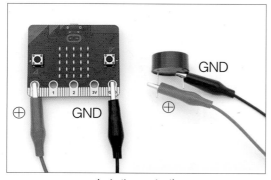

〈피에조 버저〉

〈마이크로비트용 스피커〉

어떻게 폭염 알림이를 만들까?

| 자, 지금까지 배운 내용을 바탕으로 프로젝트를 해결해 봅시다.

폭염 알림이는 정해진 기준 온도에 따라 다음의 과정을 반복하게 됩니다.

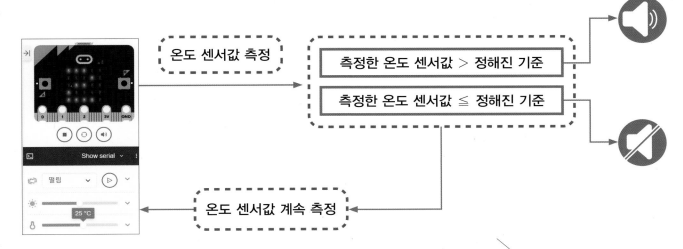

이 활동에서는
기준값을 32도로 해요.

💡 알고리즘으로 표현해 볼까?

실제 프로그램을 작성하기 전에 알고리즘으로 표현해 봅시다.

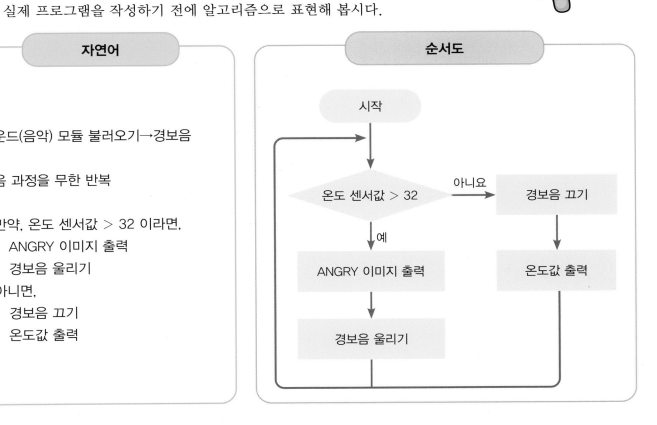

자연어

사운드(음악) 모듈 불러오기→경보음

다음 과정을 무한 반복

　만약, 온도 센서값 > 32 이라면,
　　ANGRY 이미지 출력
　　경보음 울리기
　아니면,
　　경보음 끄기
　　온도값 출력

💡 프로그램을 작성해 볼까?

마이크로비트의 내부 장치 또는 외부 장치를 구성한 다음, 알고리즘에 따라 프로그램을 작성해 봅시다.

① 내장 스피커를 사용할 경우

🐍 Python

```
1   from microbit import
2   import audio                          # 사운드(스피커) 모듈 호출
3   set_volume(255)                       # 오디오 출력 볼륨 255로 조정, 범위 0~255
4   while True:
5       temp = temperature()              # 온도 센서로부터 온도값을 temp에 저장
6       if temp > 32:                     # 온도 센서값이 32도를 초과하면
7           display.show(Image.ANGRY)     # 내장된 ANGRY 이미지 출력
8           audio.play(Sound.SAD)         # 슬픔 사운드 재생
9       else:                             # 온도 센서값이 32도 이하이면
10          audio.stop()                  # 멜로디 정지
11          display.scroll(temp)          # 온도 센서값을 LED 디스플레이에 출력
```

② 외장 스피커를 사용할 경우

🐍 Python

```
1   from microbit import *
2   import music                          # 음악 모듈 호출
3   while True:
4       temp = temperature()              # 온도 센서로부터 온도값을 temp에 저장
5       if temp > 32:                     # 온도 센서값이 32도를 초과하면
6           display.show(Image.ANGRY)     # 내장된 ANGRY 이미지 출력
7           display.scroll(temp)
8           music.play("B4:2")            # B음 출력
9       else:                             # 온도 센서값이 32도 이하이면
10          music.stop()                  # 멜로디 정지
11          display.scroll(temp)          # 온도 센서값을 LED 디스플레이에 출력
```

사용한 명령어 알아보기

 line 3

set_volume(255)

• 0에서 255 사이의 숫자를 사용하여 뉴마이크로비트의 오디오 출력 볼륨을 조정할 수 있음.

line 4

temp = temperature( )

- 온도 센서를 통해 섭씨 온도를 정수값 형태로 temp 변수에 반환함.
- 온도값은 -5 ~ 50도까지 측정하여 반환함.

결과를 확인해 볼까?

| 아래 항목대로 잘 작동하는지 결과를 확인해 봅시다.

온도값이 32도를 초과하면
경보음이 울려요.

외부 장치 연결 영상

Q1 32도를 초과하면 경보음이 울리나요?

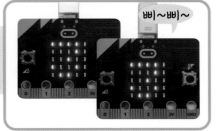

삐~삐~

Q2 32도 이하이면 측정된 온도값이 LED 디스플레이에
출력되나요?

내 실력 키우기 UP

온도 센서를 활용하여 측정한 온도에 따라 경보음의 높낮이가 다르게 울리도록
프로그램을 수정해 봅시다.

소스 코드

Tip 조건문(if)을 더 사용해 보세요.

PROJECT
10

모스 부호 통신기

무엇을 만들까?

| 우리가 해결할 프로젝트를 알아봅시다.

💡 **마이크로비트로 메시지를 주고받을 수 없을까?**

모스 부호는 짧은 발신 전류(·)와 긴 발신 전류(−)를 이용하는 부호로, 이미지나 빛, 소리의 길이로 도 표기할 수 있습니다. 마이크로비트로 모스 부호 통신기를 만들어 친구와 메시지를 주고받아 볼까요?

📋 마이크로비트의 라디오 기능과 LED 디스플레이를 이용하여 모스 부호 통신기를 만들어 봅시다.

⏱ **소요 시간**
- 가정에서 개인이 할 경우: 20~30분
- 학교에서 학급당 수업할 경우: 약 50분

 **어떤 부품을 사용할까?**

| 프로젝트를 해결하기 위해 필요한 부품을 살펴봅시다.

💡 **마이크로비트의 라디오 기능을 하는 블루투스 통신 안테나는 어디에 있을까?**

마이크로비트에는 통신용 BLE(BlueTooth Low Energy) 칩셋과 안테나가 내장되어 있습니다. 그래서 마이크로비트끼리 무선으로 통신할 수 있습니다.

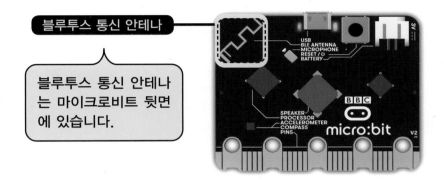

마이크로비트의 라디오 기능은 방송국에서 전파를 쏘면 우리가 정보를 무선으로 받아 방송을 들을 수 있는 원리와 같습니다. 송신기 역할을 하는 마이크로비트에서 정보를 전송하면 같은 그룹으로 설정된, 즉 동일한 채널로 설정되어 있는 마이크로비트가 그 정보를 받을 수 있습니다.

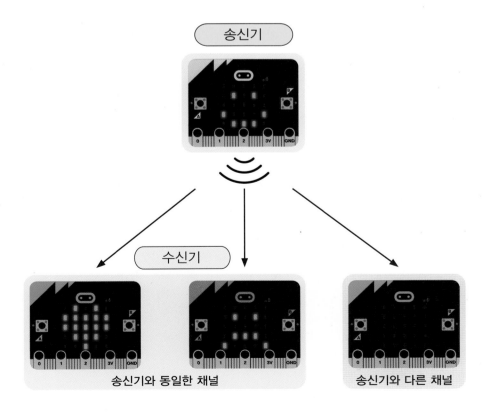

어떻게 모스 부호 통신기를 만들까?

자, 지금까지 배운 내용을 바탕으로 프로젝트를 해결해 봅시다.

누르는 버튼에 따라 도트(·)와 대시(−)가 LED 디스플레이에 출력되게 해 봅시다.

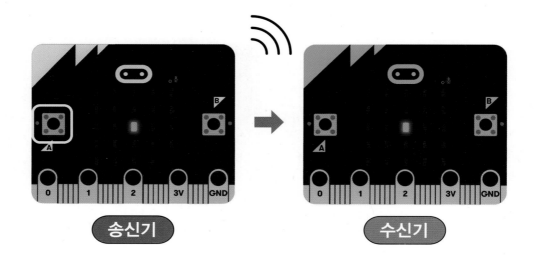

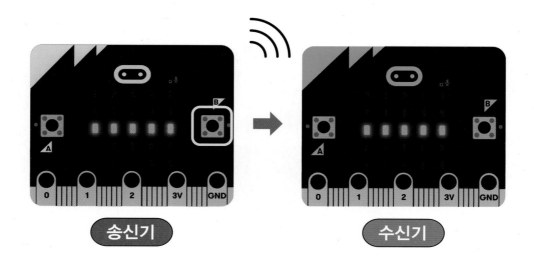

💡 알고리즘으로 표현해 볼까?

실제 프로그램을 작성하기 전에 알고리즘으로 표현해 봅시다.

송신기

자연어	순서도

자연어

라디오 기능 켜기

다음 과정을 무한 반복

　만약, A버튼을 눌렀다면
　　'dot' 전송
　　LED 디스플레이에 "도트(・)" 출력
　　0.5초 지연
　　LED 디스플레이 지우기
　만약, B버튼을 눌렀다면
　　'dash' 전송
　　LED 디스플레이에 "대시(—)" 출력
　　0.5초 지연
　　LED 디스플레이 지우기

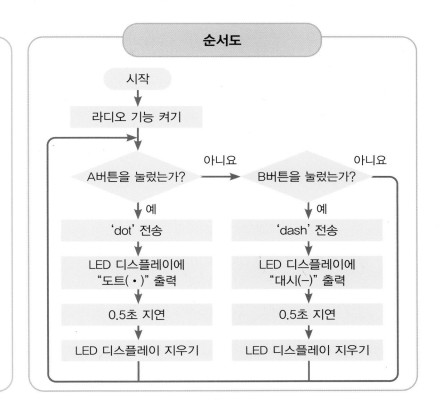

수신기

자연어	순서도

자연어

라디오 기능 켜기

다음 과정을 무한 반복

　만약, 'dot'를 전송받으면
　　LED 디스플레이에 "도트(・)" 출력
　　0.5초 지연
　　LED 디스플레이 지우기
　그렇지 않고 만약 'dash'를 전송받으면
　　LED 디스플레이에 "대시(—)" 출력
　　0.5초 지연
　　LED 디스플레이 지우기

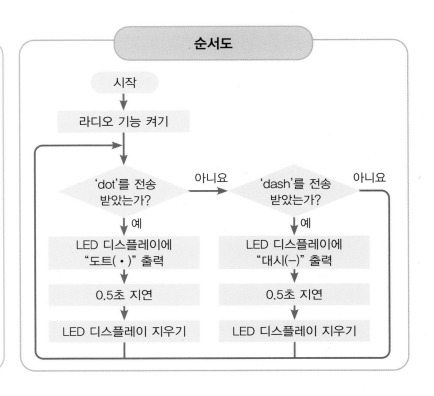

🔆 프로그램을 작성해 볼까?

마이크로비트 두 개를 건전지 케이스에 각각 연결하고, 알고리즘에 따라 프로그램을 작성해 봅시다.

다시 짚고 넘어가기

• 송신기와 수신기용 마이크 로비트를 건전지 케이스에 각각 연결해요.

아래와 같이 프로그램을 작성하고, 마이크로비트로 프로그램을 업로드해 봅시다.

송신기

🐍 Python

```python
1  from microbit import *                    # 마이크로비트 모듈의 모든 명령 사용
2  import radio                              # 라디오 모듈 사용
3  radio.on()                               # 라디오 기능 활성화(라디오 통신 켜기)
4
5
6  while True:                              # 무한 반복
7      if button_a.was_pressed():          # 만약, A버튼을 눌렀다면
8          radio.send('dot')               # 'dot' 전송
9          display.show(Image("00000:00000:00900:00000:00000")) # 디스플레이에 "도트( • )" 출력
10         sleep(500)
11         display.clear()
12         sleep(300)
13     if button_b.was_pressed():          # 만약, B버튼을 눌렀다면
14         radio.send('dash')              # 'dash' 전송
15         display.show(Image("00000:00000:99999:00000:00000")) # 디스플레이에 "대시(−)" 출력
16         sleep(500)
17         display.clear()
18         sleep(300)
```

```
Python
1   from microbit import *              # 마이크로비트 모듈의 모든 명령 사용
2   import radio                         # 라디오 모듈 사용
3   radio.on()                           # 라디오 기능 활성화(라디오 통신 켜기)
4
5   r=radio.receive()                    # 여기서부터는 수신 기능 코드
6   if r=='dot':                         # 만약 'dot'를 송신받으면
7       display.show(Image("00000:00000:00900:00000:00000"))  # 디스플레이에 "도트(•)" 출력
8       sleep(500)
9       display.clear()
10      sleep(300)
11  elif r=='dash':                      # 만약 'dash'를 송신받으면
12      display.show(Image("00000:00000:99999:00000:00000"))  # 디스플레이에 "대시(−)" 출력
13      sleep(500)
14      display.clear()
15      sleep(300)
```

사용한 명령어 알아보기

송·수신기

line 3
radio.on( )

• 내장 라디오 기능을 활성화하는 함수
• 사용하지 않을 때에는 radio.off( ) 해 주어야 전력을 절약함.

송신기

line 8
radio.send('dot')

• 라디오 센서를 이용하여 'dot'라는 문자 전송
• 이때 전송되는 것은 'dot'라는 문자열임.

수신기

line 5
r = radio.receive( )

• 라디오 센서를 이용하여 수신 기능 시작을 알림.
• 수신된 메시지를 'r' 변수에 저장함.

결과를 확인해 볼까?

영상

| 아래 항목대로 잘 작동하는지 결과를 확인해 봅시다.

Q1 송신기의 A버튼을 누르면 송신기와 수신기 LED 디스플레이에 "도트(•)"가 출력되나요?

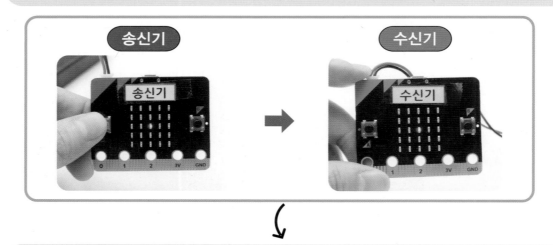

Q2 송신기의 B버튼을 누르면 송신기와 수신기 LED 디스플레이에 "대시(–)"가 출력되나요?

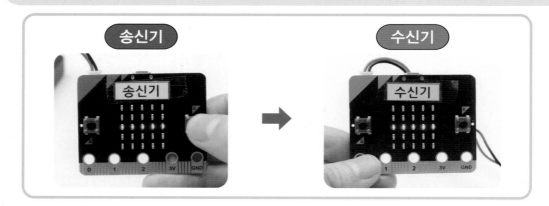

내 실력 키우기 UP

1. A버튼만 사용하여 짧게 누르면 'dot'가 전송되고, 길게 누르면 'dash'가 전송되는 프로그램을 작성해 봅시다.

송신기

2. 오른쪽 페이지에서 나만의 독창적인 한글 모스 부호표를 작성한 후, 이를 바탕으로 친구와 통신해 봅시다.

수신기

Tip 105쪽의 한글 모스 부호표를 활용하세요.

아래 한글 모스 부호표를 참고하여 나만의 모스 부호표를 작성해 보세요. 한글이나 자주 쓰는 이모티콘 또는 짧은 단어를 모스 부호로 바꿔도 좋습니다. 나만의 모스 부호표를 친구들과 공유한 후, 마이크로비트로 통신해 봅시다.

ㄱ		ㄴ		ㄷ		ㄹ	
ㅁ		ㅂ		ㅅ		ㅇ	
ㅈ		ㅊ		ㅋ		ㅌ	
ㅍ		ㅎ		ㅏ		ㅑ	
ㅓ		ㅕ		ㅗ		ㅛ	
ㅜ		ㅠ		ㅡ		ㅣ	
ㅐ		ㅔ					
예 ^.^	― ― · ― ―	예 배고파	· ― · ―				

한글 모스 부호표를
참고하세요!

한글 모스 부호표

ㄱ	· ― · ·	ㄴ	· · ― ·	ㄷ	― · · ·	ㄹ	· · · ―
ㅁ	― ―	ㅂ	· ― ―	ㅅ	― ― ·	ㅇ	― · ―
ㅈ	· ― ― ·	ㅊ	― · ― ·	ㅋ	― · · ―	ㅌ	― ― ·
ㅍ	― ― ―	ㅎ	· ― ― ―	ㅏ	·	ㅑ	· ·
ㅓ	―	ㅕ	· · ·	ㅗ	· ―	ㅛ	― · ·
ㅜ	· · · ·	ㅠ	· ― ·	ㅡ	― · ·	ㅣ	· · ―
ㅐ	― · · ―	ㅔ	― ― · ―				

PROJECT ─ 11

무선 센서 장치

무엇을 만들까?

| 우리가 해결할 프로젝트를 알아봅시다.

💡 **먼 거리에서 무선으로 데이터를 주고받을 수 없을까?**

　마당에 있는 화분을 가꾸기 위해 마이크로비트를 화분 위에 두었어요. 빛과 온도 센서값을 내 방에서 무선으로 확인할 수 있는 방법은 없을까요?

매번 센서값을 확인하러 가기 너무 귀찮아.

내 방에서 움직이지 않고 확인할 수 있는 방법은 없을까?

💬 마이크로비트의 라디오 기능을 이용하여 무선으로 센서값을 주고받을 수 있는 장치를 만들어 봅시다.

⏱ 소요 시간
- **가정**에서 개인이 할 경우: 20~30분
- **학교**에서 학급당 수업할 경우: 약 50분

어떤 부품을 사용할까?

| 프로젝트를 해결하기 위해 필요한 부품을 살펴봅시다.

💡 마이크로비트 라디오는 무엇일까?

PROJECT 10에서 설명한 마이크로비트의 라디오는 무선 통신을 가리키는 말입니다. 무언가를 전달하거나 감지하는 데 연결선 없이 처리할 수 있습니다.

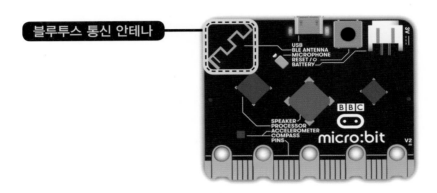

블루투스 통신 안테나

아래 그림처럼 라디오 신호로 다른 마이크로비트에 정보를 보낼 수 있습니다.

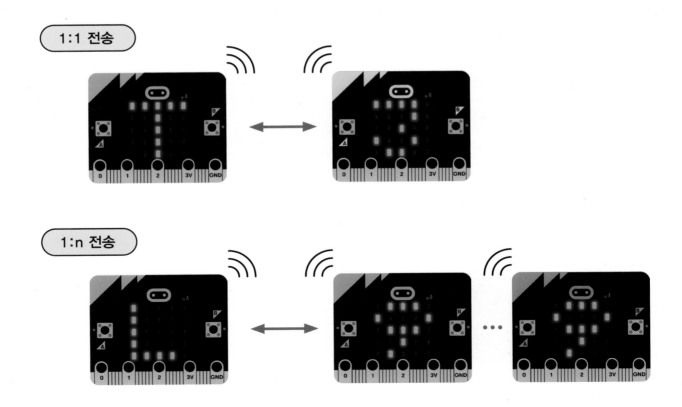

1:1 전송

1:n 전송

💡 온도 센서는 어디에 있을까?

마이크로비트에는 주변의 온도를 섭씨(℃)로 측정할 수 있는 온도 센서가 있습니다. 온도 센서는 마이크로비트 뒷면에 있는 마이크로프로세서에 내장되어 있습니다.

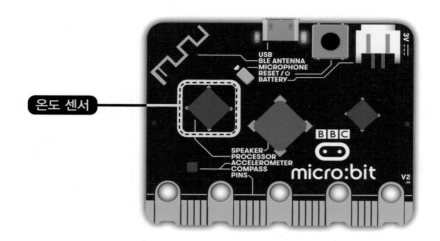

💡 빛(조도) 센서는 어디에 있을까?

마이크로비트에 있는 25개의 LED에는 주변 빛의 밝기를 측정할 수 있는 빛 센서가 내장되어 있어, 빛의 양을 측정하는 입력 장치로 사용할 수 있습니다. 빛 센서는 0(가장 어두울 때)~255(가장 밝을 때) 사이의 정숫값을 출력합니다.

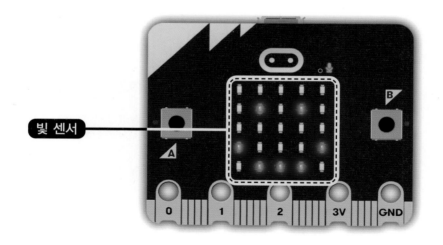

 생각 되짚어보기

온도 센서와 빛 센서를 제어하는 방법이 잘 생각나지 않는다면?

▶ 92~97쪽과 58~63쪽으로 가세요.

어떻게 무선 센서 장치를 만들까?

| 자, 지금까지 배운 내용을 바탕으로 프로젝트를 해결해 봅시다.

무선 센서 장치는 다음의 과정을 반복하게 됩니다.

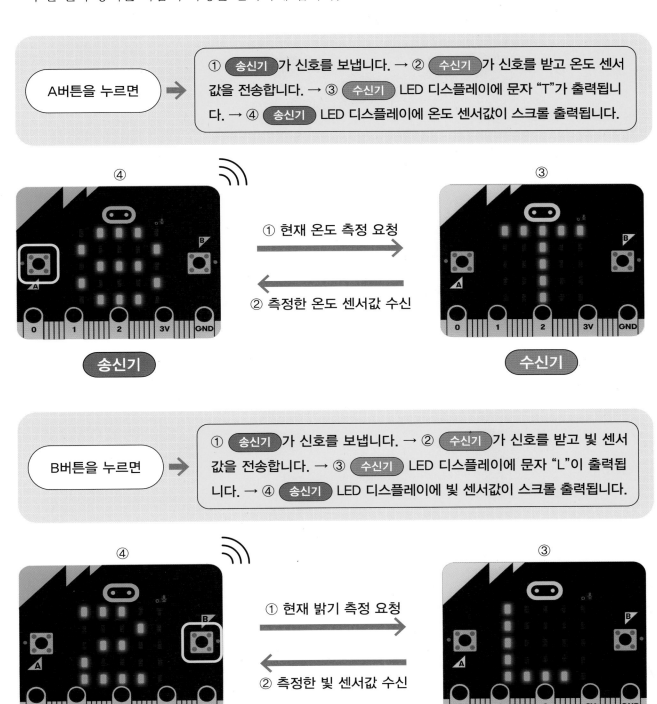

A버튼을 누르면 → ① 송신기 가 신호를 보냅니다. → ② 수신기 가 신호를 받고 온도 센서 값을 전송합니다. → ③ 수신기 LED 디스플레이에 문자 "T"가 출력됩니다. → ④ 송신기 LED 디스플레이에 온도 센서값이 스크롤 출력됩니다.

④ ③

① 현재 온도 측정 요청
② 측정한 온도 센서값 수신

송신기　수신기

B버튼을 누르면 → ① 송신기 가 신호를 보냅니다. → ② 수신기 가 신호를 받고 빛 센서 값을 전송합니다. → ③ 수신기 LED 디스플레이에 문자 "L"이 출력됩니다. → ④ 송신기 LED 디스플레이에 빛 센서값이 스크롤 출력됩니다.

④ ③

① 현재 밝기 측정 요청
② 측정한 빛 센서값 수신

송신기　수신기

💡 알고리즘으로 표현해 볼까?

실제 프로그램을 작성하기 전에 알고리즘으로 표현해 봅시다.

송신기

자연어

라디오 기능 켜기

다음 과정을 무한 반복
　만약, A버튼을 눌렀다면
　　"temp" 메시지 전송
　그렇지 않고 B버튼을 눌렀다면
　　"light" 메시지 전송

　수신한 메시지를 (result)에 저장
　디스플레이에 (result)값 출력

※ (result)에는 수신기로부터 받은
센서값이 저장됩니다.

순서도

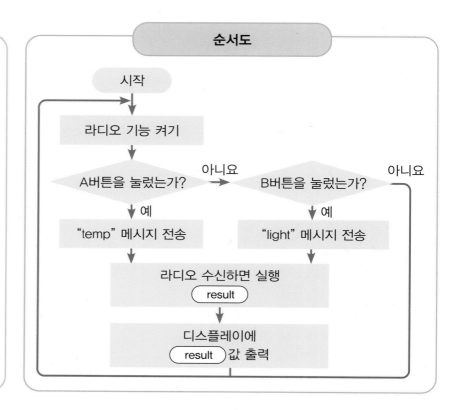

수신기

자연어

라디오 기능 켜기

다음 과정을 무한 반복
　만약, 수신한 메시지가 "temp"라면
　　temp 변숫값을 라디오 전송
　　디스플레이에 "T" 출력

　그렇지 않고 수신한 메시지가
　"light"라면
　　light 변숫값을 라디오 전송
　　디스플레이에 "L" 출력
※temp와 light 변수에는 측정한 센서
값이 저장됩니다.

순서도

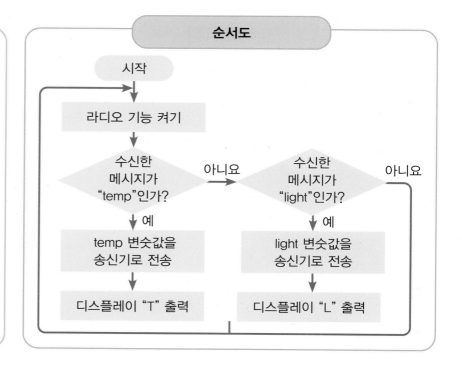

💡 프로그램을 작성해 볼까?

알고리즘에 따라 프로그램을 작성해 봅시다.

다시 짚고 넘어가기

송신기

- **송신기**의 A버튼을 누르면 **수신기**에서 온도를 측정하도록 명령어를 전달합니다.

- **송신기**의 B버튼을 누르면 **수신기**에서 빛 센서값을 측정하도록 명령어를 전달합니다.

- **수신기**가 측정한 값을 받아서 LED 디스플레이에 출력합니다.

수신기

- **송신기**로부터 온도를 측정하라는 명령어를 받았다면, 온도 센서값을 **송신기**에 보내고 LED 디스플레이에 "T"를 출력합니다.

- **송신기**로부터 빛의 밝기를 측정하라는 명령을 받았다면, 빛 센서값을 **송신기**에 보내고 LED 디스플레이에 "L"을 출력합니다.

🔦 잠깐! 알고가기

라디오 수신이 잘 안돼요!

한 공간에서 하나의 그룹으로 여러 명이 여러 개의 마이크로비트를 사용하여 라디오 통신을 할 때 신호가 잘 전송되지 않는 경우가 있습니다.

이러한 상황이 발생했을 때에는 radio.config(power=7) 명령어를 사용하여 라디오 전송 강도를 높이면 수신이 잘됩니다. 범위는 0~7이며, 기본값은 6입니다.

어떻게 라디오 그룹을 설정해요?

마이크로비트의 라디오 기능에서 radio.config(group=0) 명령어를 사용하여 그룹을 설정하면 같은 그룹으로 설정되어 있는 마이크로비트끼리 정보를 주고받을 수 있습니다. 범위는 0~255이며, 기본값은 0입니다.

아래와 같이 프로그램을 작성하고, 마이크로비트로 프로그램을 업로드해 봅시다.

송신기

```python
 Python                                                        ● ● ●

1   from microbit import *              # 마이크로비트 모듈의 모든 명령 사용
2   import radio                         # 라디오 모듈 가져오기
3   radio.on()                           # 라디오 통신 켜기
4
5   while True:
6       if button_a.was_pressed():       # A버튼을 누르면 수신기가 온도를 측정하도록
7           radio.send("temp")               메시지 "temp" 전달
8       elif button_b.was_pressed():     # B버튼을 누르면 수신기가 밝기를 측정하도록
9           radio.send("light")              메시지 "light" 전달
10
11      result = radio.receive()         # 라디오를 통해 수신된 메시지를 'result' 변수에 저장
12
13      if result:                       # 수신된 메시지가 있다면
14          display.scroll(result)       # 수신된 메시지(result 변숫값)를 디스플레이에 출력
```

수신기

```python
 Python                                                        ● ● ●

1   from microbit import *              # 마이크로비트 모듈의 모든 명령 사용
2   import radio                         # 라디오 모듈 가져오기
3   radio.on()                           # 라디오 통신 켜기
4
5   while True:
6       msg = radio.receive()            # 라디오를 통해 수신된 메시지를 msg 변수에 저장
7       if msg == "temp":                # 입력받은 메시지가 "temp"라면
8           temp = temperature()         # 온도 센서값을 temp 변수에 저장
9           radio.send(str(temp))        # temp 변숫값을 문자로 바꿔 라디오 전송
10          display.show("T")            # 디스플레이에 "T" 출력
11          sleep(3000)                  # 3초 지연
12      if msg == "light":               # 입력받은 메시지가 "light"라면
13          light = display.read_light_level()   # 빛 센서값을 light 변수에 저장
14          radio.send(str(light))       # light 변숫값을 문자로 바꿔 라디오 전송
15          display.show("L")            # 디스플레이에 "L" 출력
16          sleep(3000)                  # 3초 지연
```

송신기

line 11

result = radio.receive( )

- 라디오를 통해 수신된 메시지(온도 센서값, 빛의 밝기 값)를 result 변수에 저장함.
- result에 저장되는 값의 속성은 문자열임.

수신기

line 6

msg = radio.receive( )

- 송신기로부터 수신된 메시지를 msgm 변수에 저장함. 수신된 값은 문자열임.

line 8

temp = temperature( )

- 온도 센서값을 temp라는 변수에 저장함.

line 9

str(temp)

- temp 변숫값을 문자열로 바꿔 라디오 전송함.
- str 변수에 저장된 값의 속성을 문자열로 형(type) 변환함.

line 9

radio.send( )

- 라디오를 통해 ( ) 안의 메시지 전송

결과를 확인해 볼까?

| **아래 항목대로 잘 작동하는지 결과를 확인해 봅시다.**

영상

Q1 A버튼을 누르면 송신기에는 온도 센서값이 출력되고, 수신기에는 문자 "T"가 출력되나요?

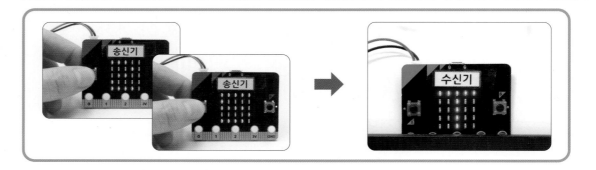

Q2 B버튼을 누르면 송신기에는 빛 센서값이 출력되고, 수신기에는 문자 "L"이 출력되나요?

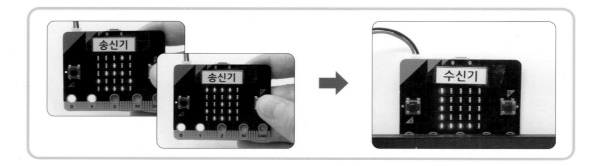

내 실력 키우기 UP

마이크로비트에 토양 수분 센서를 추가로 연결한 후, 흙의 습도를 측정할 수 있도록 기능을 확장한 스마트 화분 프로그램을 작성해 봅시다.

송신기   수신기

Tip 기능은 아래 주어진 알고리즘을 참고하세요!

알고리즘

• A버튼을 눌렀을 때, 현재 온도 측정 후 데이터 수신

• B버튼을 눌렀을 때, 현재 일조량 측정 후 데이터 수신

• A+B버튼을 눌렀을 때, 현재 흙의 습도 측정 후 데이터 수신

1 비밀 친구(마니토) 탐지기

라디오 신호 그룹을 이용한 활동입니다. 같은 라디오 그룹의 마이크로비트에 가까이 다가가면 LED 디스플레이에 아이콘이 출력되어 정체를 숨기고 있던 비밀 친구를 찾을 수 있는 탐지기입니다.

2 댄스 점수 계산기

모자, 장갑 등 의류와 액세서리에 마이크로비트를 붙인 뒤, 누가 더 몸을 많이 흔들며 춤을 추었는지 점수를 알려 주는 댄스 점수 계산기입니다.

3 줄넘기 횟수 표시기

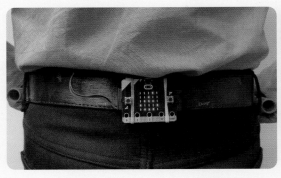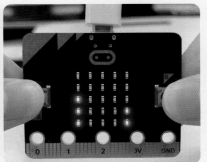

라디오 그룹을 설정하고, 줄넘기를 할 때 흔들림을 감지하여 줄넘기 횟수를 그래프로 출력해 주는 줄넘기 횟수 표시기입니다. 줄넘기 횟수가 50이 넘으면 승리자를 표시하고 게임이 끝납니다.

PROJECT
12

스마트 선풍기

무엇을 만들까?

| 우리가 해결할 프로젝트를 알아봅시다.

💡 **온도와 움직임에 따라 저절로 켜지고 꺼지는 선풍기를 만들려면 어떻게 해야 할까?**

동생과 낮잠을 자다가 동생이 우는 소리에 깼습니다. 동생이 더워서 선풍기를 켜다가 선풍기에 다쳤나 봅니다. 더울 때 선풍기 앞에서 움직이면 자동으로 켜지는 선풍기를 만들면 어떨까요?

💬 마이크로비트의 온도 센서, 그리고 동작 감지 센서와 DC모터를 이용하여 스마트 선풍기를 만들어 봅시다.

⏱ **소요 시간**
· **가정**에서 개인이 할 경우: 30~40분
· **학교**에서 학급당 수업할 경우: 약 80분

어떤 부품을 사용할까?

| 프로젝트를 해결하기 위해 필요한 부품을 살펴봅시다.

💡 **동작 감지 센서는 어떻게 사용할까?**

① **동작 감지 센서는 무엇일까?**

동작 감지 센서는 적외선을 이용하여 범위 안의 사람이나 동물, 사물의 움직임 또는 열을 감지하여 디지털 신호를 출력합니다. 그래서 수동형 적외선 동작 감지 센서(PIR; Passive Infrared Sensor) 또는 인체 감지 모션 센서라고도 합니다.

일반 건물의 복도나 현관문 천장에 있는 조명 등에 설치되어 사람의 움직임이 감지되면 자동으로 조명을 켜주는 데 이용되고, 보안 시스템, 자동 감지 시스템 등에도 사용할 수 있습니다.

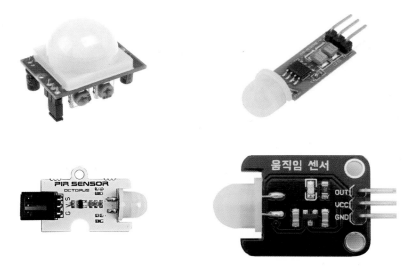

동작 감지 센서 종류   🎬 동작 감지 센서 활용

② **동작 감지 센서를 제어하려면 어떤 핀을 사용할까?**

마이크로비트와 동작 감지 센서(PIR)는 악어 클립 케이블과 점퍼 와이어(암-수)를 이용하여 왼쪽과 같이 연결합니다. 참고로 동작 감지 센서(PIR)의 작동 전압은 3.3V~5V, 출력 시간은 감지 시 3초, 감지 거리는 약 6m, 감지 각도 100°입니다.

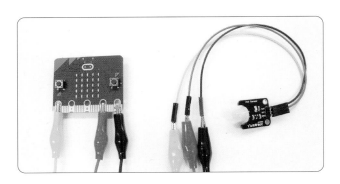

마이크로비트와 동작 감지 센서 연결 핀

마이크로비트	PIR 센서
0번핀	OUT
3V	VCC
GND	GND

💡 DC모터는 어떻게 사용할까?

① DC모터는 무엇일까?

DC모터(Direct Current Motor)는 높은 전기 에너지 위치에서 낮은 전기 에너지 위치로 일정하게 흐르는 직류 전원(건전지)을 사용하는 모터로, 마이크로비트에서 모터에 공급되는 전압값을 바꾸어 모터를 제어하려면 아날로그 출력을 사용해야 합니다. 이때 아날로그 신호는 0 ~ 1023값을 가집니다.

S V G

- 가격이 저렴합니다.
- 기동력이 좋고, 정밀하게 제어할 수 있습니다.
- RC 자동차와 같이 빠르고 연속적으로 돌아가야 하는 장치에 사용됩니다.

② DC모터를 제어하려면 어떤 핀을 사용할까?

아래 표를 참고하여 악어 클립 케이블로 마이크로비트와 DC모터를 연결해 봅시다.

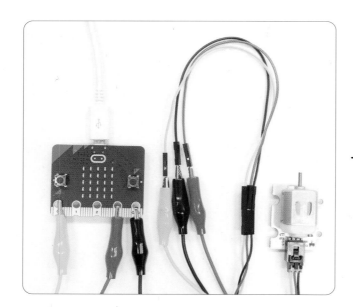

마이크로비트와 DC모터의 연결 핀

마이크로비트	DC모터
1번핀	S
3V	V
GND	G

생각 되짚어보기

만약, 온도 센서를 제어하는 방법이 잘 생각나지 않는다면?

▶ 92~97쪽으로 가세요.

💡 동작 감지 센서와 DC모터를 어떻게 연결해야 할까?

마이크로비트와 동작 감지 센서, DC모터는 악어 클립 케이블과 점퍼 와이어(수-수, 암-수)를 사용하여 연결합니다.

준비물

마이크로비트 USB 케이블 동작 감지 센서 DC모터

프로펠러 팬 악어 클립 케이블 점퍼 와이어(수-수) 점퍼 와이어(암-수) AAA 건전지 4개, 건전지 케이스(6V)

외부 장치 회로 구성-동작 감지 센서와 DC모터 연결

동작 감지 센서의 작동 전압은 3.3V~5V이므로 아래와 같이 보조 건전지를 연결하여 전원을 추가로 공급합니다.

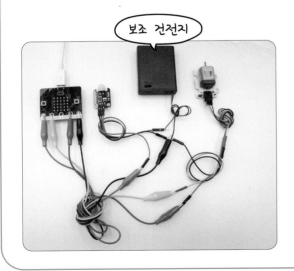

보조 건전지

보조 건전지	❶마이크로비트	❷동작 감지 센서	❸DC모터
빨간색 선(⊕)	–	VCC	–
검은색 선(GND)	GND	GND	GND

❶ 마이크로비트의 GND와 보조 건전지의 GND를 연결합니다.
❷ 동작 감지 센서의 VCC와 보조 건전지의 ⊕를 연결합니다.
　 동작 감지 센서의 GND와 보조 건전지의 GND를 연결합니다.
❸ DC모터의 GND와 보조 건전지의 GND를 연결합니다.

어떻게 스마트 선풍기를 만들까?

| 자, 지금까지 배운 내용을 바탕으로 프로젝트를 해결해 봅시다.

온도와 동작에 따라 선풍기가 작동되도록 합니다.

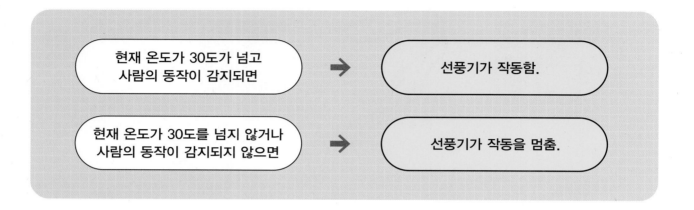

현재 온도가 30도가 넘고
사람의 동작이 감지되면   →   선풍기가 작동함.

현재 온도가 30도를 넘지 않거나
사람의 동작이 감지되지 않으면   →   선풍기가 작동을 멈춤.

💡 알고리즘으로 표현해 볼까?

실제 프로그램을 작성하기 전에 알고리즘을 표현해 봅시다.

자연어

다음 과정을 무한 반복

만약, 온도 센서값 > 30 이면
   만약, 동작 감지 센서값이 1이면
      DC모터 출력을 1023으로
      LED 디스플레이에 "O" 출력
   그렇지 않으면,
      DC모터 출력을 0으로
      LED 디스플레이에 "X" 출력
그렇지 않으면,
   DC모터 출력을 0으로
   LED 디스플레이에 "–" 출력

순서도

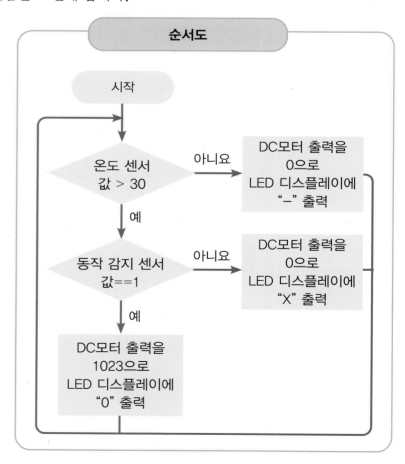

💡 프로그램을 작성해 볼까?

마이크로비트에 동작 감지 센서와 DC모터를 연결하고, 알고리즘에 따라 프로그램을 작성해 봅시다.

> ### 다시 짚고 넘어가기
>
>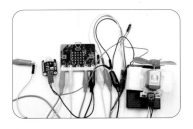
>
> - 동작 감지 센서는 OUT, VCC, GND를 순서대로 마이크로비트 0번, 3V, GND 핀에 연결합니다.
> - 선풍기 역할을 하는 DC모터는 S, V, G 순서대로 마이크로비트 1번, 3V, GND 핀에 연결합니다.

🔧 선풍기의 원리를 이용한 프로젝트들

아래의 사진은 학생들이 선풍기의 원리를 이용하여 만든 작품입니다.

 1 **공기 청정 선풍기**

미세 먼지 센서를 활용하여 미세 먼지 농도에 따라 프로펠러 팬 두 개를 제어하는 선풍기로 환풍기의 원리를 적용한 작품입니다.

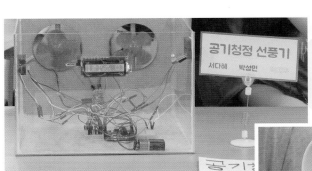

 2 **날개 없는 선풍기(RC카)**

날개 없이 바람을 만들어 내는 선풍기의 원리를 이용한 작품입니다.

 3 **자동 제어 선풍기**

동작 감지 센서와 온도 센서를 이용하여 만든 선풍기로, 실내에서 사람의 동작이 감지되고 온도가 높아지면 자동으로 선풍기가 작동되는 작품입니다.

아래와 같이 프로그램을 작성하고, 마이크로비트 프로그램을 업로드해 봅시다.

Python

```python
1  from microbit import *
2  pir_sensor = pin0              # 0번핀에 연결된 장치를 pir_sensor로 설정
3  motor = pin1                   # 1번핀에 연결된 장치를 motor로 설정
4
5  while True:
6      if temperature() > 30:            # 현재 온도가 30도를 초과하면
7          if pir_sensor.read_digital() == 1:    # 동작이 감지되면
8              motor.write_analog(1023)    # DC모터 회전
9              display.show("0")           # 디스플레이에 "0" 출력
10         else:                           # 동작이 감지되지 않으면
11             motor.write_analog(0)       # DC모터 정지
12             display.show("X")           # 디스플레이에 "X" 출력
13     else:                           # 현재 온도가 30도 이하이면
14         motor.write_analog(0)       # DC모터 정지
15         display.show("-")           # 디스플레이에 "-" 출력
```

사용한 명령어 알아보기

line 7
pir_sensor.read_digital( )

- **pir_sensor**: pin0이 저장되어 있어 0번핀에 연결된 동작 감지 센서가 동작을 감지하면 1을 반환하고, 감지하지 않으면 0을 반환함.
- 동작 감지 센서(PIR)는 동작이 감지되었을 때 1을 반환하고, 동작이 감지되지 않으면 0을 반환함.

line 8
motor.write_analog(1023)

- motor는 pin1에 연결되어 있어 1번핀으로 PWM 신호 출력
- 범위는 0(0%)에서 1023(100%)의 값을 가짐.

결과를 확인해 볼까?

영상

| 아래 항목대로 잘 작동하는지 결과를 확인해 봅시다.

Q1 실내 온도가 30도를 초과하고 동작이 감지되면
선풍기가 작동되나요?

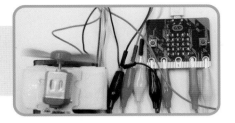

Q2 실내 온도가 30를 초과하나 동작이 감지되지 않으면
선풍기 작동이 멈추나요?

Q3 동작은 감지되나 실내 온도가 30도 이하이면
선풍기 작동이 멈추나요?

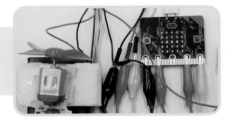

동작 감지 센서와 DC모터의 역할을
정확히 이해해요.

내 실력 키우기 UP

스마트 선풍기 프로그램에 다음과 같은 기능을 확장시켜 프로그램을 작성해 봅시다.

Tip 기능은 아래 주어진 알고리즘을 참조하세요!

소스 코드

알고리즘

- A버튼을 누르면 센서값에 상관없이 선풍기가 작동됩니다.
- B버튼을 누르면 온도 및 동작 센서값에 따라 자동으로 선풍기가 작동됩니다.
- A+B버튼을 누르면 센서값에 상관없이 선풍기 작동이 멈춥니다.

PROJECT 13 내 맘대로 선풍기

🐍 무엇을 만들까?

| 우리가 해결할 프로젝트를 알아봅시다.

💡 선풍기의 바람 세기를 어떻게 바꿀까?

선풍기의 바람 세기는 보통 3~4단계로 정해져 있어서 선풍기를 사용할 때 그 중간 단계의 바람 세기도 있었으면 좋겠다고 생각할 때가 있습니다. 내 마음대로 바람 세기를 조절할 수는 없을까요?

🗨️ 가변 저항과 DC모터를 이용하여 가변 저항값에 따라 바람 세기를 조절하는 선풍기를 만들어 봅시다.

⏱️ 소요 시간
- 가정에서 개인이 할 경우: 30~40분
- 학교에서 학급당 수업할 경우: 약 80분

어떤 부품을 사용할까?

|프로젝트를 해결하기 위해 필요한 부품을 살펴봅시다.

💡 **가변 저항은 어떻게 사용할까?**

① 가변 저항은 무엇일까?

가변 저항은 사용자가 직접 저항값을 임의로 바꿀 수 있는 장치(0~1023 범위의 값)로 소리의 크기를 조절하는 볼륨 장치도 가변 저항으로 구현합니다. 마이크로비트에는 가변 저항이 내장되어 있지 않기 때문에 별도의 가변 저항을 연결하여 사용합니다.

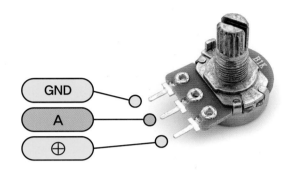

② 가변 저항을 제어하려면 어떤 핀을 사용할까?

가변 저항은 악어 클립 케이블을 이용하여 마이크로비트에 다음과 같이 연결합니다.

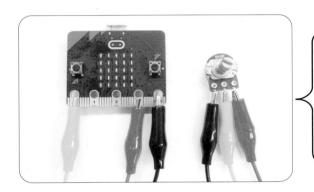

마이크로비트와 가변 저항 연결 핀	
마이크로비트	가변 저항
0번핀	A
3V	양(⊕)극
GND	GND

🔍 **학습 돋보기**

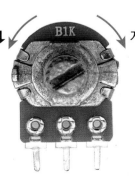

가변 저항값 ↓   가변 저항값 ↑

가변 저항은 3개의 핀으로 구성되어 있으며, 제일 왼쪽이 GND, 가운데가 A, 제일 오른쪽이 ⊕ 핀입니다.

가변 저항을 반시계 방향으로 돌리면 가변 저항값은 작아지고, 시계 방향으로 돌리면 가변 저항값은 커집니다.

💡 DC모터를 제어하려면 어떤 핀을 사용할까?

마이크로비트와 가변 저항, DC모터는 악어 클립 케이블과 점퍼 와이어(수-수)를 이용하여 연결합니다.

준비물

마이크로비트	USB 케이블
DC모터	가변 저항
프로펠러 팬	점퍼 와이어(수-수)
악어 클립 케이블	AAA 건전지 4개, 건전지 케이스(6V)

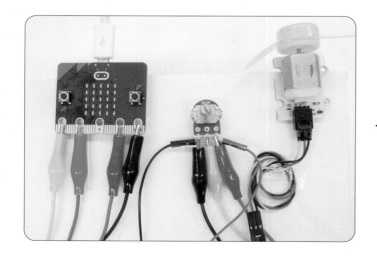

마이크로비트와 DC모터의 연결 핀

마이크로비트	DC모터
1번핀	S
3V	V
GND	G

만약 DC모터가 작동하지 않는다면
보조 건전지를 연결하세요.
(교재 119쪽 참고)

어떻게 내 맘대로 선풍기를 만들까?

| 자, 지금까지 배운 내용을 바탕으로 프로젝트를 해결해 봅시다.

가변 저항값에 따라 선풍기의 바람 세기가 달라지도록 합니다.

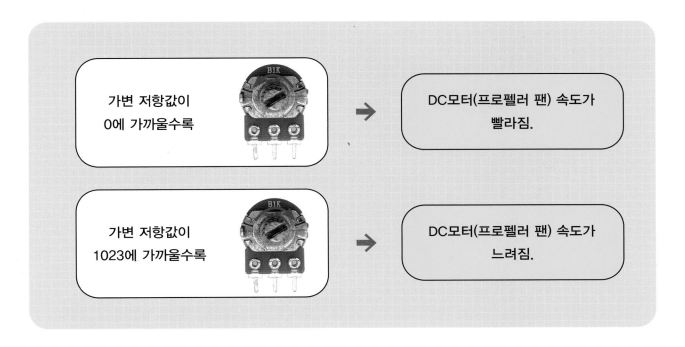

알고리즘으로 표현해 볼까?

실제 프로그램을 작성하기 전에 알고리즘을 표현해 봅시다.

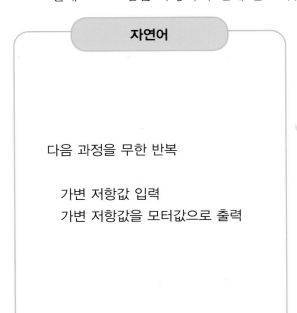

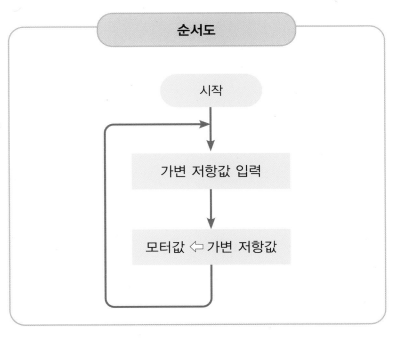

💡 프로그램을 작성해 볼까?

마이크로비트에 가변 저항과 DC모터를 연결하고, 알고리즘에 따라 프로그램을 작성해 봅시다.

다시 짚고 넘어가기

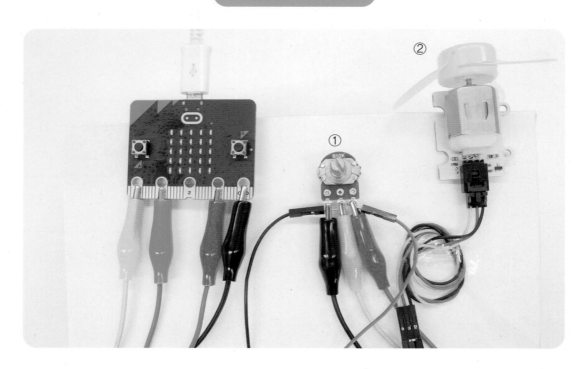

① 가변 저항은 A, ⊕, GND 핀을 순서대로 마이크로비트의 0번, 3V, GND 핀에 연결합니다.

② DC모터는 S, V, G 핀을 순서대로 마이크로비트의 1번, 3V, GND 핀에 연결합니다.

아래와 같이 프로그램을 작성하고, 마이크로비트로 프로그램을 업로드해 봅시다.

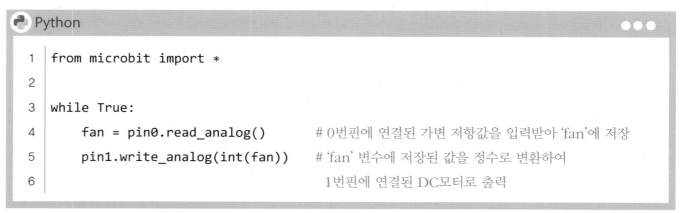

```python
from microbit import *

while True:
    fan = pin0.read_analog()        # 0번핀에 연결된 가변 저항값을 입력받아 'fan'에 저장
    pin1.write_analog(int(fan))     # 'fan' 변수에 저장된 값을 정수로 변환하여
                                    #  1번핀에 연결된 DC모터로 출력
```

line 4

fan = pin0.read_analog( )

• 가변 저항의 값을 읽어 들여 변수(fan)에 저장(읽어들인 값은 문자로 인식됨.)

 line 5

int( )

• 괄호 안의 값을 정수형으로 변환함.

> 예 문자열로 취급되는 '10'을 정수 10으로 변환 ⇒ a = '10': b = int(a)

 결과를 확인해 볼까?

| 아래 항목대로 잘 작동하는지 결과를 확인해 봅시다.

영상

가변 저항값이 클수록
프로펠러 팬이 천천히 회전합니다.
가변 저항값 확인 프로그램은
131쪽을 참고하세요.

Q1 가변 저항을 반시계 방향으로 돌리면(0에 가까울수록) 프로펠러 팬이 빨리 회전하는가?

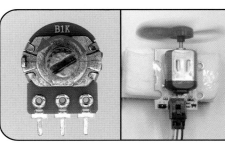

Q2 가변 저항을 시계 방향으로 돌리면(1023에 가까울수록) 프로펠러 팬이 천천히 회전하는가?

LED 디스플레이에 가변 저항값에 따라 서로 다른 표정을 출력하는 프로그램을
작성해 봅시다.

소스 코드

Tip 가변 저항의 범위를 나누고, 범위에 따라 서로 다른 표정이 출력되도록 하세요.

가변 저항 범위	이미지	가변 저항 범위	이미지
0~100	SAD	501~600	FABULOUS
101~200	CONFUSED	601~700	SMILE
201~300	ANGRY	701~800	HAPPY
301~400	ASLEEP	801~900	MEH
401~500	SILLY	901~1023	YES

잘 작동하나요?

오류 발생 해결하기

Q 가변 저항값이 0이 아닌데도 DC모터가 작동하지 않는다면?

A 이건 오류라고 할 수 없습니다. 저항값이 0은 아니지만, DC모터가 돌아가야 하는 기본적인 힘의 크기
를 채우지 못해서 작동하지 않는 것입니다.

가변 저항값을 확인하는 프로그램

가변 저항값을 입력받아 이를 LED 디스플레이로 확인하는 프로그램은 다음과 같습니다.

아래와 같이 프로그램을 작성하고, 마이크로비트로 프로그램을 업로드해 봅시다.

```python
from microbit import *

while True:
    fan = pin0.read_analog()
    display.scroll(fan)
```

〈실행 결과〉

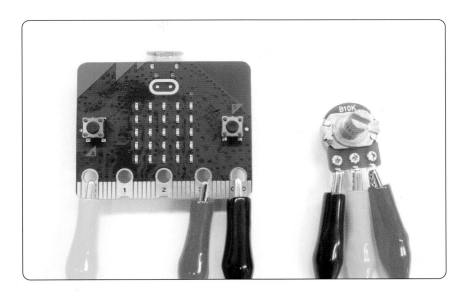

프로그램을 실행한 후, 가변 저항을 돌릴 때마다 서로 다른 값이 나오는 것을 확인할 수 있습니다.

반시계 방향으로 돌릴수록 0에 가까워지고, 시계 방향으로 돌릴수록 1023에 가까워집니다.

단, 가변 저항도 약간의 오차가 있기 때문에 반시계 방향으로 끝까지 돌려도 0이 되지 않을 수 있습니다.

PROJECT 14 풍선 드론

🐍 무엇을 만들까?

| 우리가 해결할 프로젝트를 알아봅시다.

💡 헬륨 풍선으로 드론을 만들 수 있을까?

여러분은 열기구를 타본 적이 있나요? 보통의 열기구는 방향을 제어할 수 있는 장치가 없어 고도별 바람의 방향을 이용하여 제어합니다. 이런 원리를 활용하여 풍선 드론을 만들어 볼까요?

💬 DC모터와 마이크로비트의 라디오 기능을 이용하여 방향을 조정할 수 있는 풍선 드론을 만들어 봅시다.

> ⏱ **소요 시간**
> • **가정**에서 개인이 할 경우: 50~60분
> • **학교**에서 학급당 수업할 경우: 약 100분

어떤 부품을 사용할까?

| 프로젝트를 해결하기 위해 필요한 부품을 살펴봅시다.

💡 어떤 모터를 사용할까?

풍선과 마이크로비트를 이용해서 드론을 만들려면 무엇보다 작고 가벼운 모터가 필요합니다. 보통 모터는 철판을 겹쳐 철심을 만들고, 철심에는 코일을 많이 감기 때문에 무겁습니다. 그러나 코어리스 모터에는 철심이 없어서 상대적으로 가벼우면서 작은 크기로 만들 수 있습니다. 그렇지만 코어리스 모터를 사용하려면 별도의 트랜지스터가 필요하기 때문에 이 프로젝트에서는 DC모터를 사용합니다.

DC모터	코어리스 모터

• 코어와 브러시가 있습니다. • 코어리스 모터보다 크기가 크고 무겁습니다. • 가격이 저렴합니다.	• 출력 효율이 뛰어납니다. • 관성이 매우 작아 정지, 가동의 제어성이 우수합니다. • 전력 소모가 적어 높은 정밀도가 요구되는 기계, 각종 에너지 절약형 장치 등에 널리 사용됩니다.

학습 돋보기 🔍

DC모터를 회전시키기 위해서는 오른쪽 그림처럼 트랜지스터, 다이오드, 저항 등을 이용해 모터 구동 회로를 만들어야 합니다. 그러나 이 프로젝트에서 사용하는 모터는 모터의 기판에 모터 구동 회로가 만들어져 있어 바로 연결할 수 있습니다.

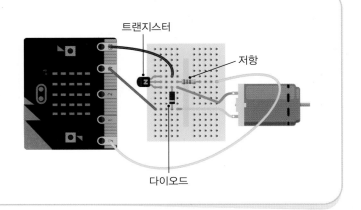

트랜지스터

저항

다이오드

💡 모터를 제어하려면 어떤 핀을 사용할까?

모터와 마이크로비트는 악어 클립 케이블로 연결합니다. 준비물 중 본체는 가볍고 단단한 우드록을 사용하고, 풍선과 헬륨이 필요하니 헬륨 사용법을 확인합니다.

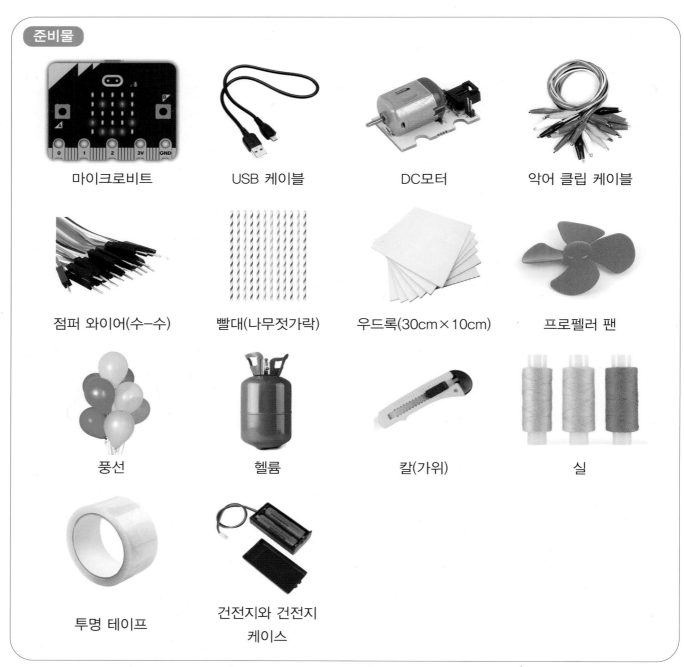

준비물

마이크로비트	USB 케이블	DC모터	악어 클립 케이블
점퍼 와이어(수-수)	빨대(나무젓가락)	우드록(30cm×10cm)	프로펠러 팬
풍선	헬륨	칼(가위)	실
투명 테이프	건전지와 건전지 케이스		

풍선에 부력을 줄 헬륨은 과학 실험용으로 판매합니다. 어린 학생은 헬륨을 부모님이나 선생님이 계실 때 사용하기 바랍니다.

💡 풍선 드론은 어떻게 만들까?

풍선 드론을 만들 때, 한쪽으로 무게가 너무 쏠리면 나중에 균형을 잡기 어렵습니다. 만들면서 균형을 맞추도록 합니다.

제작 과정

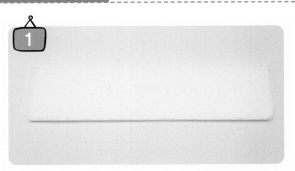

우드록을 가로 30cm, 세로 10cm가 되도록 자릅니다.

우드록에 빨대 3개를 붙입니다. 단, 중앙에는 나중에 DC모터를 붙여야 하기 때문에 가운데 붙이는 빨대를 중앙보다 약간 오른쪽에 붙입니다.

닿지 않도록 주의한다.

DC모터에 프로펠러 팬을 끼운 뒤, 우드록의 중앙에 붙이고 점퍼 와이어를 연결합니다. 이때, 프로펠러 팬에 빨대가 닿지 않도록 DC모터를 붙입니다.

건전지를 넣은 건전지 케이스와 마이크로비트를 양쪽에 균형 있게 붙이고, 건전지 케이스를 마이크로비트와 연결합니다.

마이크로비트와 DC모터를 연결합니다. 마이크로비트의 0번, 3V, GND 핀을 순서대로 DC모터의 S, V, G에 연결합니다.

선을 정리해서 우드록의 뒤쪽으로 넘깁니다.
※3개의 빨대는 우드 위에 부품을 붙인 뒤, 위치를 보고 붙여도 됩니다.

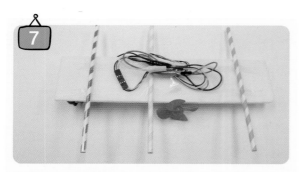

전선은 우드록의 중앙에 테이프로 고정한 뒤에 송신기로 신호를 보내서 DC모터가 제대로 작동하는지 시험합니다.

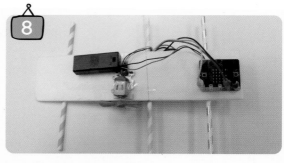

헬륨을 넣은 풍선과 빨대를 실로 묶어서 연결합니다. 이때, 실의 길이는 천장의 높이를 감안해서 정합니다. 수신기 역할을 합니다.

풍선 드론이 완성된 모습입니다. 풍선 드론의 균형을 잡을 때, 빨대에 연결한 실을 더 감거나 우드록에 동전을 붙여서 무게를 조절합니다.

건전지를 넣은 건전지 케이스와 마이크로비트를 연결한 송신기의 모습입니다.

어떻게 풍선 드론을 만들까?

자, 지금까지 배운 내용을 바탕으로 프로젝트를 해결해 봅시다.

A버튼을 누르고 있는 동안은 모터가 회전하고, 버튼을 누르지 않으면 모터가 정지하도록 합니다.

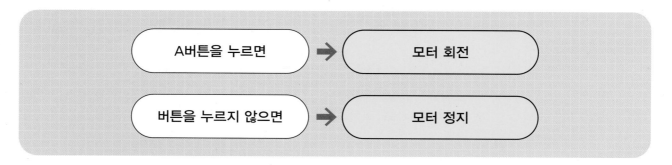

A버튼을 누르면 → 모터 회전

버튼을 누르지 않으면 → 모터 정지

💡 알고리즘으로 표현해 볼까?

실제 프로그램을 작성하기 전에 알고리즘으로 표현해 봅시다.

송신기 – 컨트롤러

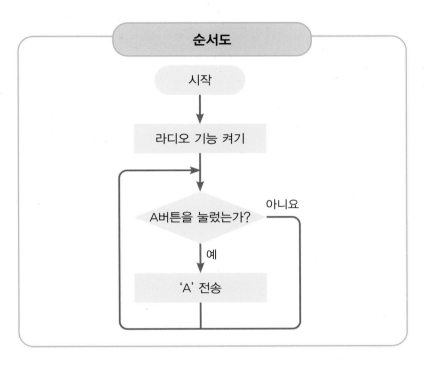

수신기 – 드론

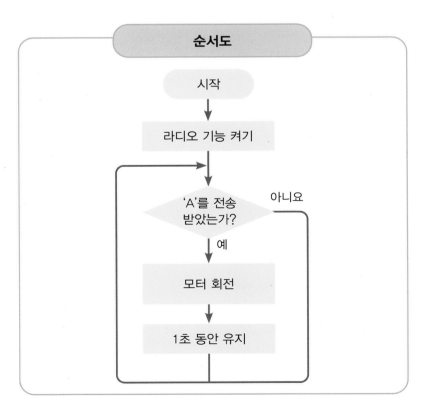

💡 프로그램을 작성해 볼까?

마이크로비트에 DC모터를 연결하고, 알고리즘에 따라 프로그램을 작성해 봅시다.

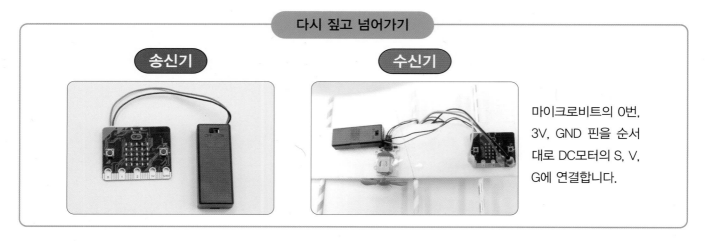

다시 짚고 넘어가기

송신기   수신기

마이크로비트의 0번, 3V, GND 핀을 순서대로 DC모터의 S, V, G에 연결합니다.

아래와 같이 프로그램을 작성하고, 마이크로비트로 프로그램을 업로드해 봅시다.

송신기

```python
1   from microbit import *        # 마이크로비트 모듈의 모든 명령 사용
2   import radio                  # 라디오 모듈 사용
3   radio.on()                    # 라디오 기능 활성화
4
5   while True:                   # 무한 반복
6       if button_a.was_pressed():   # A버튼을 누르면
7           radio.send('A')          # 'A' 전송
```

수신기

```python
1   from microbit import *        # 마이크로비트 모듈의 모든 명령 사용
2   import radio                  # 라디오 모듈 사용
3   radio.on()                    # 라디오 기능 활성화
4
5   while True:                   # 무한 반복
6       r = radio.receive()          # 송신기에서 신호를 받음.
7       if r == 'A':                 # 받은 값이 'A'이면
8           pin0.write_digital(1)    # 0번 핀에 1출력하여 모터 회전
9           sleep(1000)
10          pin0.write_digital(0)    # 모터 정지
```

송신기

line 3
radio.on( )

- 내장 라디오 함수를 사용하여 라디오 기능이 활성화됨을 알림.
- 사용하지 않으면 radio.off( ) 명령을 해 주어야 전력이 절약됨.

line 7
radio.send('A')

- 라디오 센서를 이용하여 'A'라는 문자를 전송함.

 수신기

line 8
pin0.write_digital(1)

- 마이크로비트 0번핀에 1을 출력(모터 회전)함.

 잠깐! 알고가기

- **라디오 기능 활성화**
  두 개의 마이크로비트를 사용해야 하므로 블루투스 안테나를 사용해야 합니다.
  라디오 기능을 활성화하려면 radio.on 함수를 반드시 먼저 시작해야 합니다.

- **pin0.write_digital(0) 빼먹으면 생기는 오류**
  신호를 받고 모터를 동작시킨 후 모터를 정지시키는 코드를 넣지 않으면, 버튼에서 손을 떼어도 계속 모터가 동작합니다. 따라서 손을 떼면 정지할 코드를 반드시 넣어야 합니다.

- **if문 여러 개를 사용하는 것과 if ~ elif문의 차이점**
  여러 개 조건 중 반드시 하나만 전송해야 할 때에는 if ~ elif문을 사용해서 코드의 버그를 예방합니다.

결과를 확인해 볼까?

아래 항목대로 잘 작동하는지 결과를 확인해 봅시다.

영상

 모터 회전 후
정지되는지 확인해요.

Q1 A버튼을 누르고 있으면 모터가
회전하나요?

Q2 A버튼에서 손을 떼면 모터가
정지하나요?

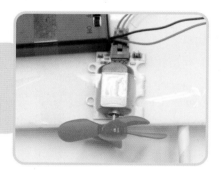

잠깐! 알고가기

아래와 같이 코어리스 모터와 트랜지스터를 이용하여 좌우 회전이 가능한 풍선 드론을 만들 수도 있습니다.

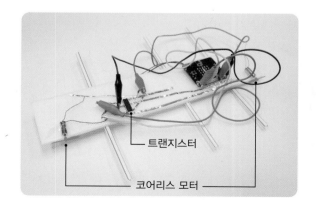

트랜지스터

코어리스 모터

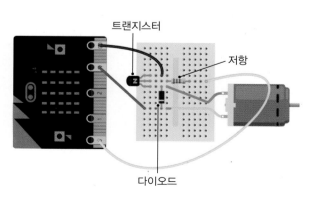

트랜지스터

저항

다이오드

A버튼을 누르면 모터가 회전하고, B버튼을 누르면 모터가 정지하는 프로그램을
작성해 봅시다.

송신기

수신기

Tip 버튼을 누르는 것은 송신기, 모터를 회전시키는 것은 수신기라는 것을 기억하세요.
현재 상태를 유지하고 있으려면 변수가 필요해요.

잘 작동하나요?

오류 발생 해결하기

Q 버튼을 눌렀는데 모터가 회전하지 않아요.

A 모터를 제어하는 마이크로비트가 신호를 제대로 수신했는지 확인하려면 프로그램의 pin0.wirte.
digital(1) 다음 줄에 display.show("A")를 추가합니다. 마이크로비트에 신호가 수신되면 마이크로비
트의 LED 디스플레이에 "A"를 출력합니다. 만약 LED 디스플레이에 "A"가 출력되었는데도 모터가
회전하지 않는다면 선이 제대로 연결되었는지 확인하고, "A"가 출력되지 않는다면 프로그램을 다시
확인합니다.

애벌레 로봇

🐍 무엇을 만들까?

| 우리가 해결할 프로젝트를 알아봅시다.

💡 서보모터로 움직이는 로봇을 만들 수 있을까?

애벌레가 몸을 움츠렸다가 펼치며 앞으로 이동하는 모습을 본 적이 있나요? 서보모터를 이용하여 애벌레의 움직임을 모방하려면 어떻게 해야 할까요?

🗨 마이크로비트와 서보모터를 이용하여 몸을 움츠렸다 펼치며 앞으로 이동하는 로봇을 만들어 봅시다.

⏱ 소요 시간
- **가정**에서 개인이 할 경우: 20~30분
- **학교**에서 학급당 수업할 경우: 약 50분

어떤 부품을 사용할까?

|프로젝트를 해결하기 위해 필요한 부품을 살펴봅시다.

💡 서보모터는 무엇일까?

서보모터(servo motor)는 일정한 각도 내에서 회전하며, 전원 이외에 신호 단자를 이용하여 모터를 회전시킵니다. 즉, 전압값을 신호로 주어 그 값에 따라 특정한 각도로 회전하므로 매우 정밀하게 움직일 수 있습니다. 이러한 이유로 서보모터는 자동화 생산 시스템, 로봇, 장난감, 가전제품 등에 광범위하게 쓰이고 있습니다.

〔 0°~180° 회전 가능 〕

〈표준 서보모터〉

〔 360° 회전 가능 〕

〈무한 회전 서보모터〉

학습 돋보기 🔍

서보모터(SG90)는 3.5~7.2V의 전압을 사용합니다.

서보모터가 마이크로비트의 3V 전압으로 작동이 되긴 하지만, 원활하게 작동시키기 위해서는 추가 전원을 공급하는 것이 좋습니다.

추가 전원 공급

💡 서보모터를 제어하려면 핀을 어떻게 연결해야 할까?

서보모터에는 3개의 선이 있는데 검은색이나 갈색 선은 GND, 빨간색 선은 5V이며, 주황색 선은 모터의 각도를 제어하는 데 사용하는 신호선입니다. 서보모터는 펄스의 지속 시간에 반응합니다. 펄스 지속 시간이 1ms(밀리세컨드) 미만이면 한쪽 끝으로 회전하며, 2ms 이상이면 반대쪽 끝으로 회전합니다. 따라서 그 사이의 지속 시간 값으로 각도 및 속도를 제어할 수 있습니다.

준비물

마이크로비트 · 서보모터 · 건전지 케이스와 건전지 · 판지(두꺼운 종이)

글루건 또는 테이프 · 가위 또는 칼 · 악어 클립 케이블 · 점퍼 와이어 (수-수) · 클립이나 실

서보모터는 악어 클립 케이블과 점퍼 와이어(수-수)를 사용하여 다음과 같이 연결합니다. 연결할 때에는 오른쪽 표의 마이크로비트의 핀번호와 서보모터의 전선색을 확인합니다.

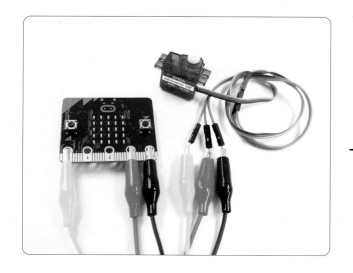

마이크로비트와 서보모터의 연결 핀

마이크로비트	서보모터
0번핀	주황색 선
3V	빨간색 선
GND	검은색이나 갈색 선

1. 판지(두꺼운 종이)를 모양대로 자르고, 접기

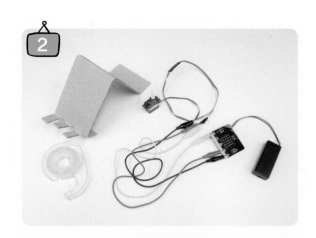

2. 마이크로비트와 서보모터 연결하기

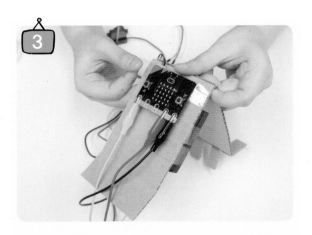

3. 판지에 마이크로비트와 서보모터 붙이기

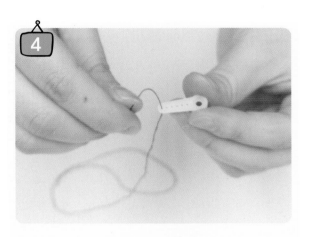

4. 서보모터 날개에 실이나 클립 끼우기

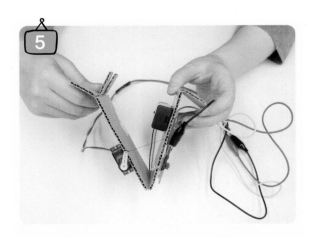

5. 서보모터 움직임에 맞춰 실 연결하기

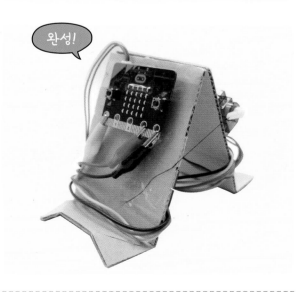

완성!

어떻게 애벌레 로봇을 만들까?

| 자, 지금까지 배운 내용을 바탕으로 프로젝트를 해결해 봅시다.

애벌레 로봇은 다음의 과정을 반복하게 됩니다.

💡 알고리즘으로 표현해 볼까?

실제 프로그램을 작성하기 전에 알고리즘으로 표현해 봅시다.

자연어	순서도
다음 과정을 반복 만약, A버튼을 누르면, 　　움직임 상태로 변경 　　멜로디 재생 만약, B버튼을 누르면, 　　정지 상태로 변경 　　멜로디 정지 만약, 움직임 상태이면, 　　서보모터 170도 회전 　　1초 지연 　　서보모터 10도 회전 　　1초 지연 아니면, 　　서보모터 10도 회전	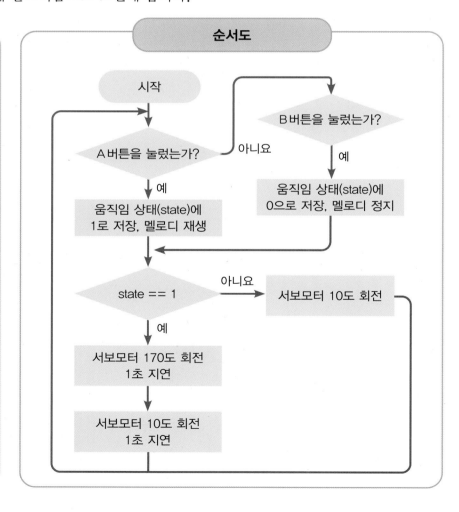

💡 프로그램을 작성해 볼까?

마이크로비트와 서보모터를 연결하고, 알고리즘에 따라 프로그램을 작성해 봅시다.

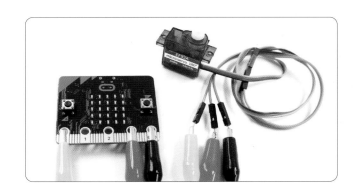

다시 짚고 넘어가기

- 서보모터의 주황색 선, 빨간색 선, 갈색 선을 순서대로 0번, 3V, GND 핀에 연결해요.

아래와 같이 프로그램을 작성하고, 마이크로비트로 프로그램을 업로드해 봅시다.

🐍 Python

```python
1  from microbit import *
2  import music
3  pin0.set_analog_period(20)              # 출력되는 PWM 신호 주기를 20ms로 설정
4  pin0.write_analog(10)                   # 0번핀에 연결된 서보모터의 초기 각도를 10도로 설정
5  state=0                                 # 0이면 정지 상태, 1이면 움직이는 상태를 'state' 변수에 저장
6  while True:
7      if button_a.is_pressed():           # 만약, A버튼을 누르면
8          state=1                         # 움직임 상태로 변경(state값은 1)
9          music.play(music.PYTHON, wait=False)   #PYTHON 멜로디 재생
10     if button_b.is_pressed():           # 만약, B버튼을 누르면
11         state=0                         # 정지 상태로 변경(state값은 0)
12         music.stop( )                   #멜로디 정지
13
14     if state==1:                        # 만약, state가 1이면
15         pin0.write_analog(170)          # 서보모터가 170도 회전
16         sleep(1000)                     # 1초 지연
17         pin0.write_analog(10)           # 서보모터가 10도 회전
18         sleep(1000)                     # 1초 지연
19     else:                               # 그렇지 않고 state가 0이면
20         pin0.write_analog(10)           # 서보모터가 10도 회전(정지 상태)
```

line 3 pin0.set_analog_period(20)

- 0번핀에 연결된 서보모터로 출력되는 PWM 신호 주기를 20ms로 설정함.
- 마이크로비트에서 서보모터를 작동시키는 라이브러리가 존재하지만, 작동이 안되는 경우가 많아 가장 적합한 PWM 신호 주기를 20ms로 설정해서 사용함.

line 4 pin0.write_analog(10)

- 0번핀으로 아날로그 출력을 10으로 한다는 의미로, 0번핀에 연결된 서보모터가 10°로 회전함.
- 핀번호.write_analog(각도) 형식으로 1°~180° 회전각까지 사용 가능함. 0이면 영원히 멈춘다는 의미

line 9 music.play(music.PYTHON, wait = False)

- PYTHON 멜로디를 재생함.
- wait는 True 또는 False로 설정 가능하며, wait=False 라는 것은 멜로디 재생하는 동안 기다리지 않는다는 의미 즉, 멜로디 재생이 끝날 때까지 다른 명령어는 실행되지 않기에 False 설정함.

결과를 확인해 볼까?

| **아래 항목대로 잘 작동하는지 결과를 확인해 봅시다.**

영상

Q1 A버튼을 누르면 서보모터가 움직이면서 애벌레 로봇이 앞으로 이동하나요?

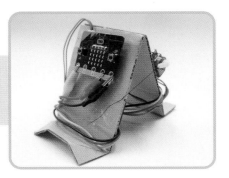

Q2 B버튼을 누르면 서보모터가 정지하면서 애벌레 로봇이 멈추나요?

 서보모터가 회전하는 각도를 확인하세요.

내 실력 키우기

아래 주어진 알고리즘을 참고하여, 라디오 기능으로 애벌레 로봇을 원격 제어할 수 있는 프로그램을 작성해 봅시다.

알고리즘

(수신) • 문자 "start"를 수신받으면, 서보모터를 1초 단위로 10°와 170°를 번갈아가며 회전
• 문자 "stop"을 수신받으면, 서보모터를 10° 회전시켜 서보모터를 고정

수신기

(송신) • A버튼을 누르면 "start"를 전송하며, 북쪽 방향 화살표 아이콘을 LED 디스플레이에 출력
• B버튼을 누르면 "stop"을 전송하며, X모양 아이콘을 LED 디스플레이에 출력

송신기

Tip 라디오 기능을 사용하는 명령어는 102~103쪽을 참고하세요!

PROJECT 16 디지털 주사위

무엇을 만들까?

우리가 해결할 프로젝트를 알아봅시다.

주사위를 어떻게 만들까?

강태와 친구들이 보드 게임을 하려고 했는데, 주사위가 없어서 보드 게임을 할 수가 없습니다. 게다가 주사위를 만들 만한 종이나 블록도 없네요. 종이나 블록을 사용하지 않고 주사위를 만들 수 있는 방법이 없을까요?

마이크로비트의 가속도 센서를 이용하여 디지털 주사위를 만들어 봅시다.

⏱ 소요 시간
- **가정**에서 개인이 할 경우: 20~30분
- **학교**에서 학급당 수업할 경우: 약 50분

어떤 부품을 사용할까?

| **프로젝트를 해결하기 위해 필요한 부품을 살펴봅시다.**

💡 **가속도 센서는 무엇일까?**

가속도 센서는 마이크로비트를 흔들거나 움직일 때, 가속도를 측정하는 장치입니다. 마이크로비트를 움직이면 가속도 센서가 그 움직임을 감지할 수 있기 때문에, 여러 가지 동작(흔들기, 기울이기, 떨어뜨리기(자유 낙하) 등)을 감지할 수 있습니다.

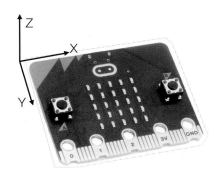

- X축의 값은 오른쪽으로 기울 때 0보다 커지고, 왼쪽으로 기울 때 값이 0보다 작아집니다.
- Y축의 값은 앞쪽으로 기울 때 0보다 커지고, 뒤쪽으로 기울 때 값이 0보다 작아집니다.
- Z축의 값은 뒷면으로 기울 때 0보다 커지고, 앞면으로 기울 때 값이 0보다 작아집니다.

위의 그림과 같이 마이크로비트의 가속도 센서는 X, Y, Z 방향으로의 움직임을 측정할 수 있습니다. 마이크로비트의 LED 디스플레이를 위로 향하고, 마이크로비트를 왼쪽과 오른쪽으로 기울이면 가속도 센서의 X값이 변합니다. 같은 방법으로 마이크로비트를 앞뒤로 기울이면 가속도 센서의 Y값이 변합니다. 또 위아래로 기울이면 가속도 센서의 Z값이 변합니다.

🔍 **학습 돋보기**

마이크로비트의 가속도 센서는 뒷면의 GND핀 바로 위쪽에 위치합니다.

- X축 방향: 왼쪽과 오른쪽으로 기울임을 감지
- Y축 방향: 앞뒤로 기울임을 감지
- Z축 방향: 위아래로 움직임을 감지

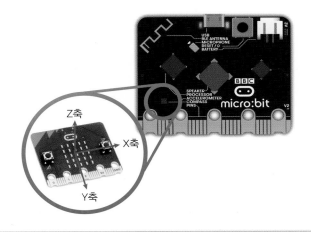

어떻게 디지털 주사위를 만들까?

자, 지금까지 배운 내용을 바탕으로 프로젝트를 해결해 봅시다.

흔들릴 때마다 숫자(또는 주사위 모양)가 랜덤하게 출력되도록 합니다.

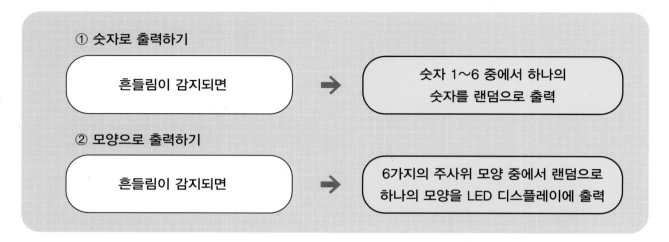

① 숫자로 출력하기

| 흔들림이 감지되면 | → | 숫자 1~6 중에서 하나의 숫자를 랜덤으로 출력 |

② 모양으로 출력하기

| 흔들림이 감지되면 | → | 6가지의 주사위 모양 중에서 랜덤으로 하나의 모양을 LED 디스플레이에 출력 |

💡 알고리즘으로 표현해 볼까?

실제 프로그램을 작성하기 전에 알고리즘을 표현해 봅시다.

자연어

다음 과정을 무한 반복

만약, 가속도 센서가 흔들림을 감지하면,
숫자 1~6 사이의 숫자를 랜덤으로
'num'에 저장
'num'값을 LED 디스플레이에 출력

순서도

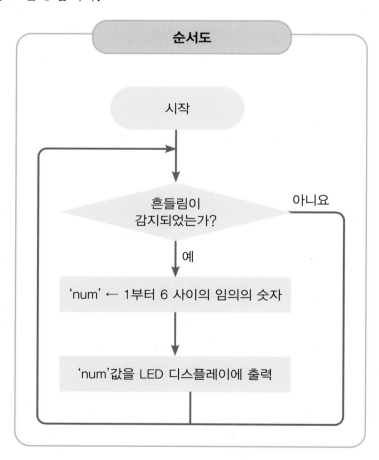

💡 프로그램을 작성해 볼까?

마이크로비트의 가속도 센서를 이용하여 알고리즘에 따라 프로그램을 작성해 봅시다.

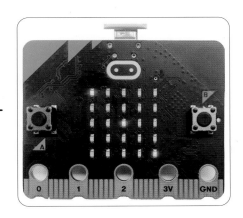

가속도 센서는 마이크로비트에 내장되어 있기 때문에 회로를 구성하지 않습니다.

① 숫자로 출력하기

다음과 같이 1부터 6까지의 숫자가 마이크로비트 LED 디스플레이에 출력되도록 프로그램을 작성해 봅시다.

아래와 같이 프로그램을 작성하고, 마이크로비트로 프로그램을 업로드해 봅시다.

🐍 Python ● ● ●

```python
1  from microbit import *              # 마이크로비트 모듈의 모든 명령 사용
2  import random                       # 랜덤 모듈의 모든 명령 사용
3
4  while True:
5      if accelerometer.was_gesture("shake"):   # 가속도 센서가 흔들림을 감지하면
6          num=random.randint(1,6)     # 숫자 1~6 중에서 랜덤으로 하나의 숫자를 'num'에 저장
7          display.show(num)           # 변수 'num'에 저장되어 있는 값을 디스플레이에 출력
```

② 모양으로 출력하기

실제 주사위에는 다음과 같은 눈이 새겨져 있습니다. 1부터 6까지의 숫자 대신 주사위 눈이 마이크로비트 LED 디스플레이에 출력되도록 프로그램을 작성해 봅시다.

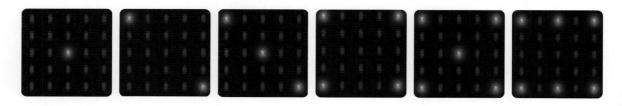

```python
1   # 흔들림이 감지되면 리스트와 같은 자료형에서 임의의 요소(dice1~dice6)를
2     반환하여 LED 디스플레이에 출력
3   from microbit import *    # 마이크로비트 모듈의 모든 명령 사용
4   import random             # 랜덤 모듈의 모든 명령 사용
5
6   dice1 = Image("00000:00000:00900:00000:00000")
7   dice2 = Image("90000:00000:00000:00000:00009")
8   dice3 = Image("90000:00000:00900:00000:00009")
9   dice4 = Image("90009:00000:00000:00000:90009")
10  dice5 = Image("90009:00000:00900:00000:90009")
11  dice6 = Image("90909:00000:00000:00000:90909")
12
13  dice = [dice1, dice2, dice3, dice4, dice5, dice6]
14
15  while True:
16      if accelerometer.was_gesture("shake"):  # 가속도 센서가 흔들림을 감지하면
17          display.show(random.choice(dice))   # 디스플레이에 랜덤으로 주사위 눈 출력
```

 생각 되짚어보기

만약, 파이썬에서 이미지를 출력하는 방법이 잘 생각나지 않는다면?

▶ 37~39쪽으로 가세요.

① 숫자로 출력하기

 line 2

import random

- 랜덤(random) 모듈을 사용함.

 line 5

accelerometer.was_gesture("동작의 종류")

- 가속도 센서가 동작을 했는지 확인
- 동작의 종류: shake(흔들림), up(로고를 위로), down(로고를 아래로), left(왼쪽으로 기울이기), right(오른쪽으로 기울이기), face up(디스플레이를 위로), face down(디스플레이를 아래로), 3g(3g 중력), 6g(6g 중력), 8g(8g 중력)
- accelerometer.was_gesture(동작의 종류)는 움직인 후를 의미함.
- accelerometer.is_gesture(동작의 종류)는 움직이는 동안을 의미함.

 line 6

변수=random.randint(인수1, 인수2)

- 인수1부터 인수6 사이의 임의의 정수를 변수에 저장함.

> 예 num=random.randint(1,6): 1~6까지의 숫자 중 무작위로 선택하여 'num'에 저장함.

② 모양으로 출력하기

 line 17

random.choice(리스트명)

- 리스트명과 같은 자료에서 임의의 자료를 반환함.

결과를 확인해 볼까?

| 아래 항목대로 잘 작동하는지 결과를 확인해 봅시다.

영상

Q1 마이크로비트를 흔들었을 때, LED 디스플레이에 숫자가 출력되나요?

Q2 마이크로비트를 흔들었을 때, LED 디스플레이에 주사위 눈이 출력되나요?

💡 **잠깐! 알고가기**

| 로고를 위로 | 로고를 아래로 | 디스플레이를 위로 | 디스플레이를 아래로 |

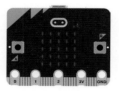
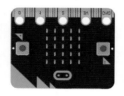

| 왼쪽으로 기울이기 | 오른쪽으로 기울이기 | 흔들림 | 중력 가속도(3g, 6g, 8g) |

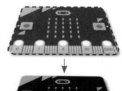

내 실력 키우기 UP

좌우 수평, 위아래 수평을 알려 주는 수평계 프로그램을 각각 작성해 봅시다.

 좌우 수평계

 위아래 수평계

[좌우 수평계 만들기]

```python
from microbit import *

while True:
    reading = accelerometer.get_x()    # get_x()는 X축 기울기값을 반환
    if reading < -40:
        display.show("L") #            # 마이크로비트가 왼쪽으로 기울어지면 "L" 출력
    elif reading > 40:
        display.show("R") #            # 마이크로비트가 오른쪽으로 기울어지면 "R" 출력
    else:
        display.show("-")              # 마이크로비트가 수평을 유지하면 "−" 출력
```

 line 4

accelerometer.get_x( )
accelerometer.get_y( )
accelerometer.get_z( )

• get_x( )는 가속도 센서의 X축의 값, get_y( )는 가속도 센서의 Y축의 값, get_z( )는 가속도 센서의 Z축의 값을 반환함.

잘 작동하나요?

오류 발생 해결하기

Q 마이크로비트를 흔들었는데 아무런 반응이 없어요.

A 파이썬 코드 accelerometer.was_gesture("동작의 종류")의 "동작의 종류" 부분이 shake(흔들림)로 되어 있는지 확인해 보세요.

PROJECT
17

자동 낙하산

🐍 무엇을 만들까?

| 우리가 해결할 프로젝트를 알아봅시다.

💡 자동 낙하산을 어떻게 만들까?

　스카이다이빙하는 모습을 본 적이 있나요? 스카이다이빙은 정말 멋진 스포츠이지만 위험을 동반한 스포츠입니다. 낙하산이 늦게 펴지거나 안 펴지면 사고를 당할 수 있기 때문입니다. 이를 방지하기 위해 자동으로 펴지는 낙하산을 만들면 어떨까요?

💬 마이크로비트의 가속도 센서와 서보모터를 이용하여 자동으로 펼쳐지는 낙하산을 만들어 봅시다.

⏱️ **소요 시간**
- **가정**에서 개인이 할 경우: 30~40분
- **학교**에서 학급당 수업할 경우: 약 50분

어떤 부품을 사용할까?

| 프로젝트를 해결하기 위해 필요한 부품을 살펴봅시다.

💡 가속도 센서는 어디에 있을까?

마이크로비트의 뒷면 왼쪽 아래에는 가속도를 측정할 수 있는 가속도 센서가 부착되어 있습니다. 앞 활동을 참고하여 ( ) 안에 내용을 채워봅시다.

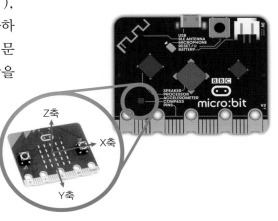

가속도 센서는 마이크로비트를 좌우로 기울이면 ( ), 앞뒤로 기울이면 ( ), 위아래로 움직이면 ( )이 변화하는 것을 측정합니다. 이 중 ( )은 중력값을 이용하기 때문에 위 또는 아래로 움직이면 **중력 가속도**[*]가 변하고 이 값을 측정합니다.

＊**중력 가속도**: 중력의 크기는 물체의 질량에 비례하므로 자유 낙하하는 물체는 질량에 상관없이 일정한 가속도로 떨어집니다. 약 $9.8m/s^2$의 가속도를 중력 가속도 g라고 합니다. 이렇게 보통의 중력 가속도를 약 1g로 표시하고 이것보다 중력 가속도가 3배, 6배, 8배 빨라지면 3, 6, 8g으로 표기합니다.

💡 속도나 각도를 어떻게 제어할까?

서보모터는 회전 각도, 속도 등을 정확하게 제어할 수 있는 모터이기 때문에 1초에 10번 회전하도록 명령을 줄 수 있습니다.

💡 서보모터를 제어하려면 어떤 핀을 사용할까?

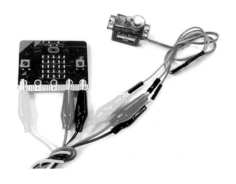

마이크로비트와 서보모터의 연결 핀	
마이크로비트	서보모터
0번핀	주황색
3V	빨간색
GND	검은색 or 갈색

💡 낙하산을 제어하려면 어떤 핀을 사용할까?

이번 프로젝트에서 만들어 볼 자동 낙하산은 아래로 떨어지면 바로 펼쳐지는 낙하산입니다.

준비물

마이크로비트

AAA 건전지 2개,
건전지 케이스(3V)

AAA 건전지 4개,
건전지 케이스(6V)

악어 클립
케이블

글루건

서보모터
(SG90) 1개

우드록 또는 두꺼운
종이(16cm×7cm)

나무젓가락

비닐 봉투

투명 테이프

💡 자동 낙하산은 어떻게 만들까?

자동 낙하산은 마이크로비트와 건전지 케이스, 서보모터를 연결하는 부분과
비닐 봉투를 만드는 부분으로 나누어 조립한 뒤에 결합합니다.

제작 과정

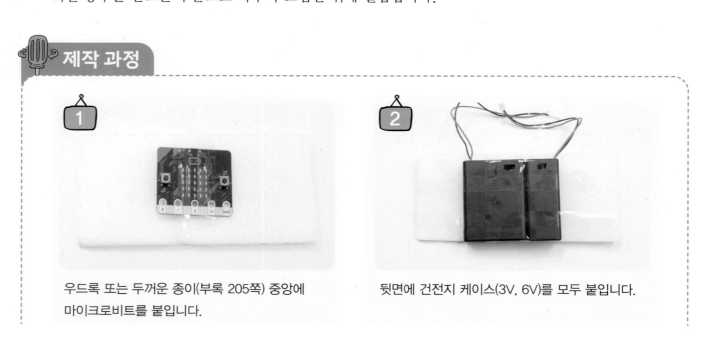

1 우드록 또는 두꺼운 종이(부록 205쪽) 중앙에
마이크로비트를 붙입니다.

2 뒷면에 건전지 케이스(3V, 6V)를 모두 붙입니다.

글루건을 사용해 서보모터를 우드록의 오른쪽에 붙입니다.

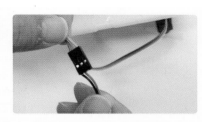

서보모터의 전선과 건전지 케이스의 전선을 연결합니다.

마이크로비트와 서보모터를 연결하여 사진과 같은 아이콘이 마이크로비트 LED 디스플레이에 출력되는지 확인합니다.

마이크로비트를 위아래로 움직여 LED 디스플레이에 하트 아이콘이 출력되고, 서보모터가 작동되는지 확인합니다.

마이크로비트와 서보모터, 건전지 케이스(6V)의 GND를 연결합니다.

서보 모터와 건전지 케이스(6V)의 ⊕선을 연결합니다.

비닐 봉투를 반듯하게 자르고 테이프를 사용해 나무젓가락을 양 끝에 붙입니다.

나무젓가락의 한쪽에 글루건을 사용해 서보모터의 날개를 붙입니다.

낙하산이 펼쳐진 상태에서 서보모터의 날개를 서보모터와 결합합니다.

글루건을 사용해 나무젓가락을 우드록의 왼쪽에 붙입니다.

어떻게 자동 낙하산을 만들까?

| 자, 지금까지 배운 내용을 바탕으로 프로젝트를 해결해 봅시다.

가속도 센서값을 측정하여 서보모터가 작동되도록 합니다.

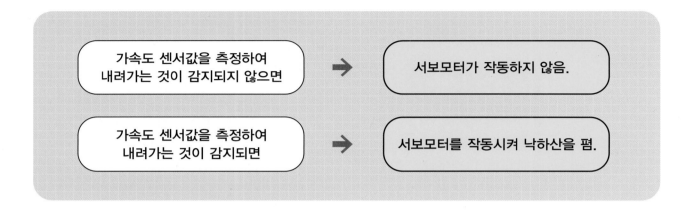

가속도 센서값을 측정하여 내려가는 것이 감지되지 않으면 → 서보모터가 작동하지 않음.

가속도 센서값을 측정하여 내려가는 것이 감지되면 → 서보모터를 작동시켜 낙하산을 폄.

💡 알고리즘으로 표현해 볼까?

실제 프로그램을 작성하기 전에 알고리즘을 표현해 봅시다.

자연어

다음 과정을 반복

가속도 센서의 z축을 짧은 시간(0.1초)
간격으로 두 번 측정(Z1, Z2)
뒤에 측정한 값에서 앞의 값을 뺀 차가
－20보다 작으면
    서보모터 100도 회전
    1초 지연
    프로그램 종료

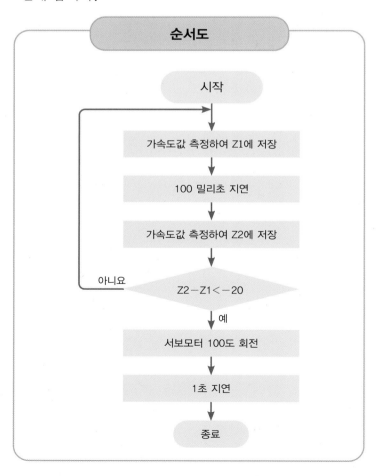

순서도

시작

가속도값 측정하여 Z1에 저장

100 밀리초 지연

가속도값 측정하여 Z2에 저장

Z2－Z1<－20

아니요 / 예

서보모터 100도 회전

1초 지연

종료

💡 프로그램을 작성해 볼까?

마이크로비트와 서보모터를 연결하고, 알고리즘에 따라 프로그램을 작성해 봅시다.

다시 짚고 넘어가기

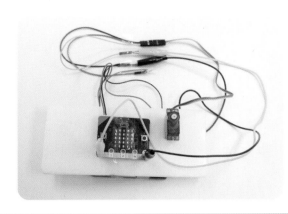

- 서보모터의 주황색 선과 갈색 선은 각각 마이크로비트의 0번핀과 GND에 연결하고, 서보모터의 빨간색 선은 건전지 케이스(6V)의 빨간색 선과 연결합니다.
- 건전지 케이스(6V)의 검은색 선은 마이크로비트와 서보모터의 GND를 연결한 선과 같이 연결합니다.

아래와 같이 프로그램을 작성하고, 마이크로비트로 프로그램을 업로드해 봅시다.

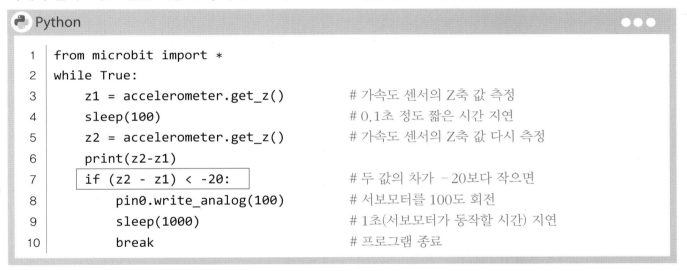

```python
 1   from microbit import *
 2   while True:
 3       z1 = accelerometer.get_z()        # 가속도 센서의 Z축 값 측정
 4       sleep(100)                        # 0.1초 정도 짧은 시간 지연
 5       z2 = accelerometer.get_z()        # 가속도 센서의 Z축 값 다시 측정
 6       print(z2-z1)
 7       if (z2 - z1) < -20:               # 두 값의 차가 –20보다 작으면
 8           pin0.write_analog(100)        # 서보모터를 100도 회전
 9           sleep(1000)                   # 1초(서보모터가 동작할 시간) 지연
10           break                         # 프로그램 종료
```

💡 잠깐! 알고가기

- **20의 차이를 이용하는 이유**
  가속도 센서는 매우 정교하고 예민해서 값의 변화를 정확하게 측정해야 합니다. 따라서 조금만 움직이거나 거의 움직이지 않아도 값이 변화하는데, 이를 방지하기 위해서 20 정도의 값을 제시합니다.

- **break을 이용하는 이유**
  자동 낙하산은 낙하산이 펴지면 프로그램을 종료해야 합니다. 프로그램을 종료하지 않으면 이미 펼쳐진 낙하산이 다시 접히기 때문입니다.

accelerometer.get_z( )

• Z축은 위아래에 대한 움직임 값으로, 가속도 센서가 Z축에 대하여 측정한 값을 읽음.

pin0.write_analog(100)

• 0번핀에 연결된 서보모터를 100도로 회전한다라는 의미로, 서보모터는 특정 각도로 회전 가능함.

break

• break문이 속한 반복문을 종료시킴. 반복문 안에 반복문이 있으면 break가 속한 가장 가까운 반복문만 종료함.

결과를 확인해 볼까?

| 아래 항목대로 잘 작동하는지 결과를 확인해 봅시다.

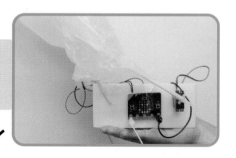

Q1 손 위에 자동 낙하산을 올려두고 위로 살짝 올렸을 때 아무런 동작을 하지 않나요?

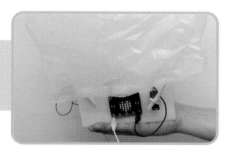

Q2 높은 곳에서 낙하산을 떨어뜨려 봅시다. 낙하산이 잘 펴지나요?

내 실력 키우기 UP

낙하산이 땅에 닿거나 움직이지 않을 때에는 마이크로비트 LED 디스플레이에
S를 출력하고 낙하산이 다시 접히는 프로그램을 작성해 봅시다.

소스 코드

Tip if ~elif문을 사용합니다.

잘 작동하나요?

오류 발생 해결하기

Q 낙하산이 위에서 아래로 떨어지는데도 동작하지 않아요.

A -20값을 왜 사용했는지 다시 생각해 보고, 이 값을 줄여 봅니다.

PROJECT 18 전자 **나침반**

🐍 무엇을 만들까?

| 우리가 해결할 프로젝트를 알아봅시다.

💡 **마이크로비트로 방위를 확인할 수 있을까?**

해는 저물어가고 기온은 점점 낮아지는데, 산에서 길을 잃어버렸어요. 마이크로비트의 자기 센서로 항상 북쪽을 가리키는 나침반을 만들어 이 위기에서 벗어나 볼까요?

💬 마이크로비트의 자기 센서를 이용하여 언제나 북쪽을 가리키는 전자 나침반을 만들어 봅시다.

⏱ **소요 시간**
- **가정**에서 개인이 할 경우: 20~30분
- **학교**에서 학급당 수업할 경우: 약 50분

어떤 부품을 사용할까?

| 프로젝트를 해결하기 위해 필요한 부품을 살펴봅시다.

💡 자기 센서는 어디에 있을까?

마이크로비트의 뒷면에는 자기 센서(COMPASS)가 있습니다. 자기 센서는 지구 자기장을 감지할 수 있기 때문에, 마이크로비트가 놓여 있는 방향을 알아낼 수 있습니다.

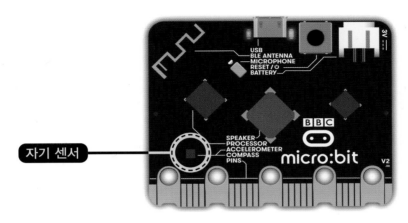

자기 센서가 방향을 정확하게 감지하려면 마이크로비트에 프로그램 파일을 업로드한 후, 자기 센서값을 초기화하기 위해 보정 작업(캘리브레이팅)을 거쳐 초기화해야 합니다.

학습 돋보기 🔍

자기 센서값을 초기화하는 순서입니다.

❶ 프로그램 파일 업로드 후 "TILT TO FILL SCREEN" 이라는 문자열이 지나갑 니다.

❷ 불이 깜빡이는 쪽으로 마 이크로비트를 기울여 모든 LED에 불이 들어오게 합 니다.

❸ LED 디스플레이에 불이 모 두 켜지면 '행복함' 아이콘 이 출력되고, 마이크로비트 가 방향을 감지합니다.

어떻게 전자 나침반을 만들까?

자, 지금까지 배운 내용을 바탕으로 프로젝트를 해결해 봅시다.

전자 나침반은 다음 과정을 반복하게 됩니다. 자기 센서는 0~360°의 값으로 방향을 알려 주는데, 0°는 북쪽(North), 90°는 동쪽(East), 180°는 남쪽(South), 270°는 서쪽(West)을 의미합니다.

북쪽 방향의 각도는 0~44°, 315~360°로 구분합니다.

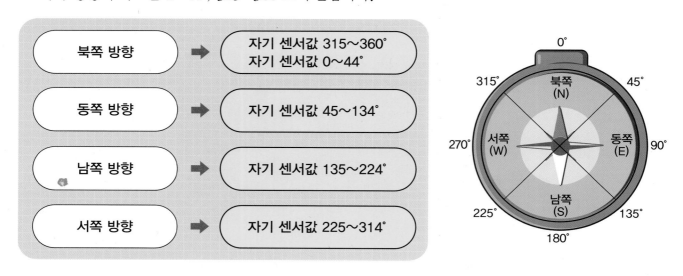

알고리즘으로 표현해 볼까?

실제 프로그램을 작성하기 전에 알고리즘으로 표현해 봅시다.

자연어

다음 과정을 무한 반복

 방위각 측정
 만약 측정한 방위각이 45° 미만이면,
  북쪽을 나타내는 화살표 출력
 만약 측정한 방위각이 45°~134° 이면,
  서쪽을 나타내는 화살표 출력
 만약 측정한 방위각이 135°~224° 이면,
  남쪽을 나타내는 화살표 출력
 만약 측정한 방위각이 225°~314° 이면,
  동쪽을 나타내는 화살표 출력
 만약 측정한 방위각이 315°~360° 이면,
  북쪽을 나타내는 화살표를 출력
 0.1초 지연

순서도

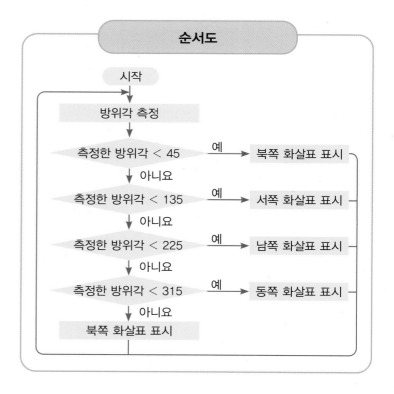

💡 프로그램을 작성해 볼까?

화살표로 항상 북쪽을 가리키는 전자 나침반 알고리즘에 따라 프로그램을 작성해 봅시다.

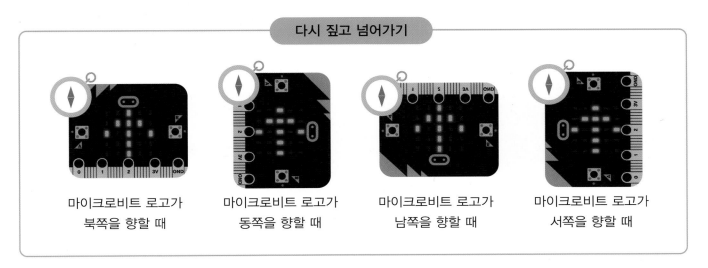

다시 짚고 넘어가기

마이크로비트 로고가
북쪽을 향할 때

마이크로비트 로고가
동쪽을 향할 때

마이크로비트 로고가
남쪽을 향할 때

마이크로비트 로고가
서쪽을 향할 때

아래와 같이 프로그램을 작성하고, 마이크로비트로 프로그램을 업로드해 봅시다.

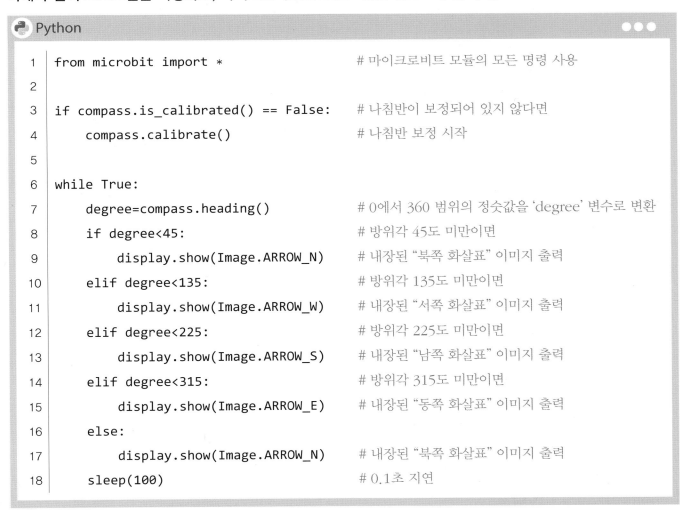

🐍 Python

```python
1   from microbit import *              # 마이크로비트 모듈의 모든 명령 사용
2
3   if compass.is_calibrated() == False:  # 나침반이 보정되어 있지 않다면
4       compass.calibrate()              # 나침반 보정 시작
5
6   while True:
7       degree=compass.heading()         # 0에서 360 범위의 정숫값을 'degree' 변수로 변환
8       if degree<45:                    # 방위각 45도 미만이면
9           display.show(Image.ARROW_N)  # 내장된 "북쪽 화살표" 이미지 출력
10      elif degree<135:                 # 방위각 135도 미만이면
11          display.show(Image.ARROW_W)  # 내장된 "서쪽 화살표" 이미지 출력
12      elif degree<225:                 # 방위각 225도 미만이면
13          display.show(Image.ARROW_S)  # 내장된 "남쪽 화살표" 이미지 출력
14      elif degree<315:                 # 방위각 315도 미만이면
15          display.show(Image.ARROW_E)  # 내장된 "동쪽 화살표" 이미지 출력
16      else:
17          display.show(Image.ARROW_N)  # 내장된 "북쪽 화살표" 이미지 출력
18      sleep(100)                       # 0.1초 지연
```

compass.is_calibrated( )

• 나침반 보정이 완료되었으면 True를 그렇지 않으면 False를 반환함.

compass.calibrate( )

• 나침반 보정을 시작하는 명령

degree=compass.heading( )

• 북쪽을 0을 기준으로 0에서 360 범위의 정숫값을 'degree' 변수에 반환함.

 결과를 확인해 볼까?

어느 방향에서든 화살표가 북쪽을 잘 가리키나요?

│ **아래 항목대로 잘 작동하는지 결과를 확인해 봅시다.**

마이크로비트가 북쪽을 향할 때

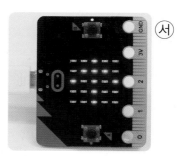

마이크로비트가 서쪽을 향할 때

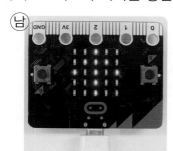

마이크로비트가 남쪽을 향할 때

마이크로비트가 동쪽을 향할 때

내 실력 키우기 UP

1. LED 디스플레이에 표시하는 데 사용할 시곗바늘 수를 계산하여, 시곗바늘이
   항상 북쪽을 가리키게 하는 프로그램을 작성해 봅시다.

소스 코드

```python
from microbit import *

if compass.is_calibrated() == False:
    compass.calibrate()

while True:
    needle = ((15 - compass.heading())//30) % 12    # 측정된 방위각을 12개로 나눈다.
    display.show(Image.ALL_CLOCKS[needle])
```

Tip 시간을 나타내는 `Image.ALL_CLOCKS` 명령어는 부록 197쪽 '표기'를 참고하세요!

2. 아래 16방위표를 참고하여 표시된 18개의 방위에서도 화살표가 항상 북쪽을
   가리키는 전자 나침반 프로그램을 작성해 봅시다.

소스 코드

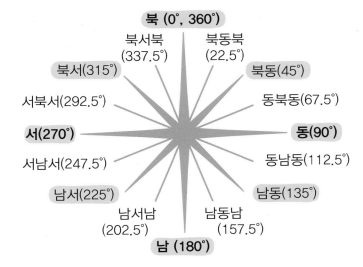

PROJECT 19 크리스마스 트리

무엇을 만들까?

| 우리가 해결할 프로젝트를 알아봅시다.

💡 **자동으로 켜지고 꺼지는 전구를 어떻게 만들까?**

운동장에 크리스마스트리를 장식하려고 합니다. 해가 지면 자동으로 전구의 불이 켜지고, 해가 뜨면 자동으로 전구의 불이 꺼지는 크리스마스트리를 만들면 어떨까요?

💬 마이크로비트의 빛 센서와 네오픽셀(스트립)을 이용하여 빛의 밝기에 따라 불을 켜고 끄는 트리를 만들어 봅시다.

⏱ **소요 시간**
- **가정**에서 개인이 할 경우: 20~30분
- **학교**에서 학급당 수업할 경우: 약 90분

어떤 부품을 사용할까?

| 프로젝트를 해결하기 위해 필요한 부품을 살펴봅시다.

💡 빛 센서는 어디에 있을까?

마이크로비트의 LED 디스플레이에는 우리 눈에 보이지 않지만 빛 센서가 내장되어 있습니다.

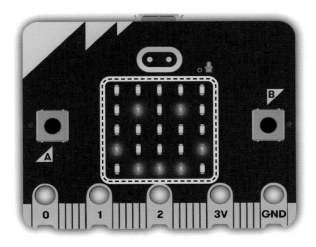

빛 센서는 빛의 양을 감지하여 0~255의 값으로 나타내며, 숫자가 클수록 밝은 빛을 의미합니다.

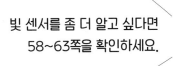
빛 센서를 좀 더 알고 싶다면
58~63쪽을 확인하세요.

학습 돋보기 🔍

• 늦은 밤 형광등 아래 빛의 밝기는 약 35가량
됩니다.

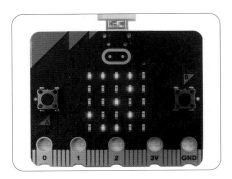

• 스마트폰의 플래시를 마이크로비트와 약 5cm
거리에 위치시키면 약 220가량됩니다.

💡 네오픽셀

① 네오픽셀은 무엇일까?

마이크로비트에는 네오픽셀(NeoPixel)을 연결할 수 있습니다. 네오픽셀은 여러 개의 LED를 연결한 디스플레이의 한 종류입니다.

네오픽셀 스트립(strip)

네오픽셀 링(ring)

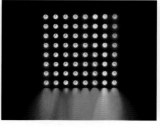
네오픽셀 매트릭스(matrix)

네오픽셀 스틱(stick)

② 네오픽셀을 제어하려면 어떤 핀을 사용할까?

우리가 사용할 네오픽셀은 스트립 형태로 된 네오픽셀로 총 24개의 LED가 있습니다. 네오픽셀 스트립의 DO핀은 마이크로비트의 0번핀에, 5V는 보조 건전지 케이스의 빨간색 선에, GND핀은 마이크로비트의 GND핀과 보조 건전지의 검은색 선에 악어 클립 케이블과 점퍼 와이어(수-수)를 이용하여 다 같이 연결합니다.

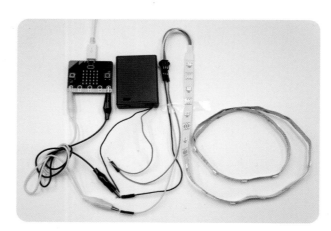

학습 돋보기 🔍

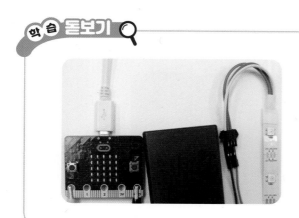

네오픽셀에는 DO, 5V, GND핀이 있습니다.

• DO: 다른 네오픽셀과 연결합니다.
• 5V: 3V에 연결합니다.
• GND: GND에 연결합니다.

💡 네오픽셀로 어떻게 크리스마스트리를 만들까?

마이크로비트와 네오픽셀 스트립, 건전지 케이스(6V)를 악어 클립 케이블과 점퍼 와이어(수-수)를 이용하여 연결합니다.

준비물

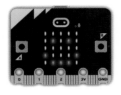
마이크로비트

USB 케이블

네오픽셀 스트립

악어 클립 케이블

점퍼 와이어 (수-수)

건전지와 건전지 케이스(6V)

제작 과정

아래 순서대로 크리스마스트리를 만들어 불을 켜 봅니다.

1

부록 207쪽 도안으로 크리스마스트리를 오리고 색칠합니다.

2

크리스마스트리를 엇갈려 결합합니다.

3

크리스마스트리를 꾸밉니다.

4

크리스마스트리에 네오픽셀 스트립을 결합합니다.

어떻게 크리스마스트리를 만들까?

자, 지금까지 배운 내용을 바탕으로 프로젝트를 해결해 봅시다.

빛의 밝기에 따라 네오픽셀 스트립(LED)이 켜지도록 합니다.

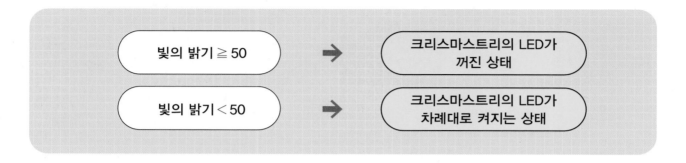

알고리즘으로 표현해 볼까?

실제 프로그램을 작성하기 전에 알고리즘을 표현해 봅시다.

자연어	순서도

자연어

다음 과정을 무한 반복

만약, 빛 센서값 ≧ 50 이라면,
　크리스마스트리 LED 소등
그렇지 않으면,
　다음의 과정을 24회 반복
　　LED 번호에 임의의 색 점등
　　LED 번호＝LED 번호＋1

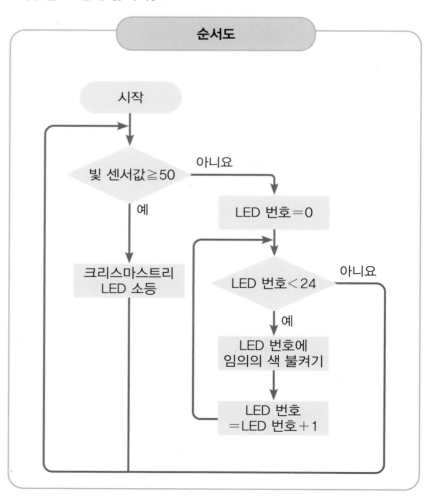

💡 프로그램을 작성해 볼까?

마이크로비트와 네오픽셀을 연결하고, 알고리즘에 따라 프로그램을 작성해 봅시다.

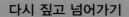

다시 짚고 넘어가기

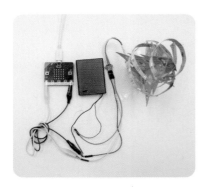

- 빛 센서는 마이크로비트에 내장되어 있기 때문에 회로를 구성하지 않습니다.
- 네오픽셀 스트립은 DO, 5V, GND 순서대로 마이크로비트의 0번, 3V, GND 핀에 연결합니다.

아래와 같이 프로그램을 작성하고, 마이크로비트로 프로그램을 업로드해 봅시다.

🐍 Python

```
1   from microbit import *
2   import neopixel                    # 네오픽셀 사용을 위한 모듈 호출
3   from random import randint
4
5   np = neopixel.NeoPixel(pin0, 24)   # 네오픽셀의 24개의 LED 사용, 제어명 np
6
7   while True:
8       light_level = display.read_light_level() # 빛 센서값을 'light_level'에 저장
9       display.scroll(light_level)  # LED 디스플레이에 빛 센서값 출력
10      sleep(1000)                      # 1초 지연
11
12      if light_level >= 50 :           # 빛 센서값 ≧ 50 이라면
13              np.clear()               # 네오픽셀 np의 LED 모두 끄기
14      else:
15          for pixel_id in range(0, len(np)): # 0부터 시작하여 네오픽셀 길이(개수)만큼 반복
16              color1 = randint(0, 255)     # 0~255까지의 임의의 수를 'color1'에 저장
17              color2 = randint(0, 255)     # 0~255까지의 임의의 수를 'color2'에 저장
18              color3 = randint(0, 255)     # 0~255까지의 임의의 수를 'color3'에 저장
19
20              np[pixel_id] = (color1, color2, color3) # 네오픽셀 np의 LED에 임의의 색 설정
21              np.show()                    # 네오픽셀 켜기
22              sleep(100)                   # 0.1초 지연
```

line 8

display.read_light_level( )

• 디스플레이에 있는 빛 센서값을 측정함.

line 15

len( )

• ( ) 안의 변수에 저장된 값의 길이

결과를 확인해 볼까?

| 아래 항목대로 잘 작동하는지 결과를 확인해 봅시다.

영상

Q1 빛 센서값 ≥ 50

Q2 빛 센서값 < 50

빛 센서값에 따라 네오픽셀 스트립의 24개 LED가 3개 단위로 무지개 색을 차례 대로 출력하도록 프로그램을 작성해 봅시다(예를 들어, 빛 센서값이 72라면 노란색이므로 LED의 1~3은 빨간색, 4~6은 주황색, 7~9는 노란색이 출력되어야 합니다.).

소스 코드

빛 센서값 범위	색상	RGB 값	빛 센서값 범위	색상	RGB 값
0~35	빨간색	(255, 0, 0)	36~70	주황색	(255, 165, 0)
71~105	노란색	(255, 255, 0)	106~140	녹색	(0, 128, 0)
141~175	파란색	(0, 0, 255)	176~210	남색	(0, 0, 139)
211~255	보라색	(128, 0, 128)	255	흰색	(255, 255, 255)

※소스 코드에 제시된 색상별 RGB값 중 일부 색상의 값이 차이가 날 수 있습니다.

잘 작동하나요?

오류 발생 해결하기

Q 전체 LED에 불이 다 들어오지 않아요?

A 사용할 LED 개수를 몇 개로 설정했는지 확인합니다.

만약 24개의 LED를 사용할 예정인데 일부만 불이 켜진다면 24 대신 24보다 작은 수를 입력한 것은 아닌지 확인해 보세요.

```
np = neopixel.NeoPixel(pin0, 24)
```

PROJECT 20 춤추는 LED

🐍 무엇을 만들까?

| 우리가 해결할 프로젝트를 알아봅시다.

💡 네오픽셀을 어떻게 소리 센서로 켤까?

신나는 음악을 들으면 저절로 어깨가 들썩이며 춤을 추고 싶어질 때가 있습니다. 음악에 맞춰 다양한 빛을 내는 네오픽셀 LED와 함께 춤을 춰보면 어떨까요?

≡ 마이크로비트에 네오픽셀 스트립과 소리 센서를 연결하여 소리 크기에 따라 화려하게 빛을 내는 조명을 만들어 봅시다.

⏱ 소요 시간
• 가정에서 개인이 할 경우: 30~50분
• 학교에서 학급당 수업할 경우: 약 70분

어떤 부품을 사용할까?

| 프로젝트를 해결하기 위해 필요한 부품을 살펴봅시다.

💡 네오픽셀 스트립(NeoPixel Strip)은 무엇일까?

네오픽셀은 여러 개의 LED를 연결한 디스플레이의 일종입니다. 우리는 이번 활동에서 다양한 형태의 네오픽셀 중 네오픽셀 스트립을 사용합니다.

네오픽셀 스트립의 각 LED에는 번호가 매겨져 있습니다(제품에 따라 번호가 매겨지지 않은 것도 있습니다.). 1, 2, 3, …. 실제로 프로그래밍할 때에는 첫 번째 LED가 0번으로 제어됩니다. "0번 LED 켜기"라고 명령하면 네오픽셀 스트립의 첫 번째 LED에 불이 켜집니다.

▲네오픽셀 스트립

학습 돋보기 🔍

네오픽셀 스트립 핀의 위치를 알아봅시다.

네오픽셀에는 GND, DO, 5V 3개의 핀이 있습니다. 5V는 마이크로비트의 3V에 연결하며, DO는 0번 핀, 1번핀, 2번핀 중 한 곳에, GND는 GND에 연결합니다.

💡 네오픽셀 스트립과 소리 센서를 제어하려면 핀을 어떻게 연결해야 할까?

네오픽셀 스트립과 외부 소리 센서를 마이크로비트에 연결하기 위해서는 수−수 점퍼 와이어와 암−수 점퍼 와이어, 악어 클립 케이블이 필요합니다. 그리고 뉴마이크로비트는 내장 마이크가 존재하므로 외부 장치인 소리 센서 대신 사용할 수 있습니다.

준비물

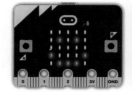  

| 마이크로비트 | 네오픽셀 스트립 | 소리 센서 | 점퍼 와이어
(수−수) | 점퍼 와이어
(암−수) | 악어 클립
케이블 |

외부 장치 회로 구성-네오픽셀 스트립과 소리 센서

마이크로비트	네오픽셀 스트립	소리 센서
0번핀	Do	−
1번핀	−	A0
3V	5V	양(⊕)
GND	GND	G

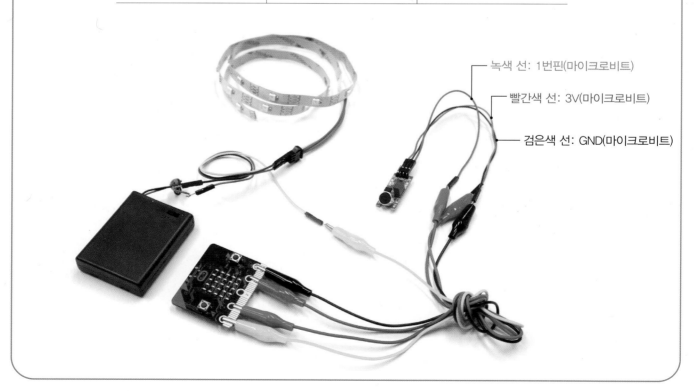

녹색 선: 1번핀(마이크로비트)

빨간색 선: 3V(마이크로비트)

검은색 선: GND(마이크로비트)

어떻게 춤추는 LED를 만들까?

| 자, 지금까지 배운 내용을 바탕으로 프로젝트를 해결해 봅시다.

내장 마이크는 소리 크기를 0~255 사이의 값으로 나타냅니다. 만약 LED를 25개 사용한다면, 소리 센서값이 10씩 변화할 때마다 LED가 1개씩 켜지고 꺼지도록 설정합니다.

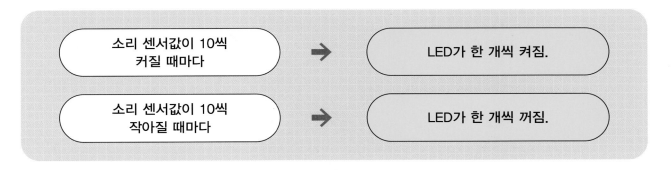

💡 알고리즘으로 표현해 볼까?

실제 프로그램을 작성하기 전에 알고리즘으로 표현해 봅시다.

자연어	순서도
다음 과정을 무한 반복 네오픽셀 모두 끄기 소리 센서값 입력받기 1번 LED부터 (소리 크기/10)번째 LED까지 임의의 색으로 켜기	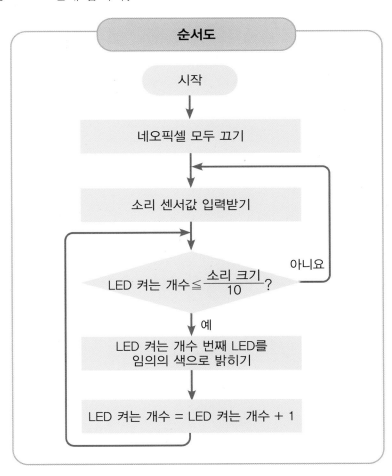

💡 프로그램을 작성해 볼까?

마이크로비트와 네오픽셀을 연결하고 내장 마이크를 활용하거나 외장 소리 센서를 연결하고, 알고리즘에 따라 프로그램을 작성해 봅시다.

② 내장 마이크를 사용할 경우

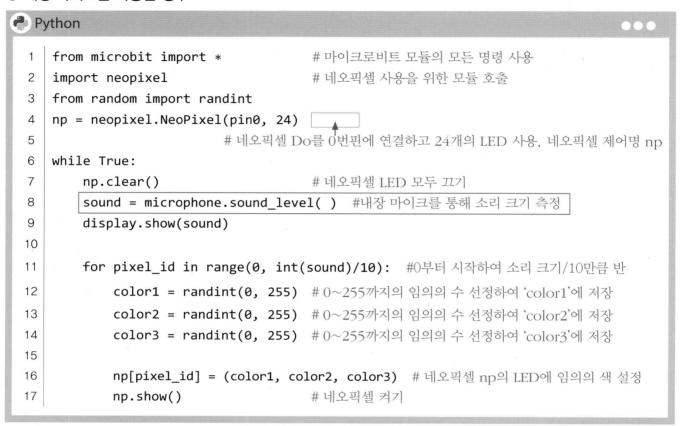

```python
1   from microbit import *            # 마이크로비트 모듈의 모든 명령 사용
2   import neopixel                   # 네오픽셀 사용을 위한 모듈 호출
3   from random import randint
4   np = neopixel.NeoPixel(pin0, 24)  [     ]
5                                     # 네오픽셀 Do를 0번핀에 연결하고 24개의 LED 사용, 네오픽셀 제어명 np
6   while True:
7       np.clear()                    # 네오픽셀 LED 모두 끄기
8       sound = microphone.sound_level( )   #내장 마이크를 통해 소리 크기 측정
9       display.show(sound)
10
11      for pixel_id in range(0, int(sound)/10):   #0부터 시작하여 소리 크기/10만큼 반
12          color1 = randint(0, 255)   # 0~255까지의 임의의 수 선정하여 'color1'에 저장
13          color2 = randint(0, 255)   # 0~255까지의 임의의 수 선정하여 'color2'에 저장
14          color3 = randint(0, 255)   # 0~255까지의 임의의 수 선정하여 'color3'에 저장
15
16          np[pixel_id] = (color1, color2, color3)   # 네오픽셀 np의 LED에 임의의 색 설정
17          np.show()                 # 네오픽셀 켜기
```

② 외부 장치 소리 센서를 사용할 경우

```python
1   from microbit import *            # 마이크로비트 모듈의 모든 명령 사용
2   import neopixel                   # 네오픽셀 사용을 위한 모듈 호출
3   from random import randint
4   np = neopixel.NeoPixel(pin0, 24)  [     ]
5                                     # 네오픽셀 Do를 0번핀에 연결하고 24개의 LED 사용, 네오픽셀 제어명 np
6   while True:
7       np.clear()                    # 네오픽셀 LED 모두 끄기
8       sound = pin1.read_analog()    # 1번핀에 소리 센서 연결
9       display.show(sound)
10
11      for pixel_id in range(0, int(sound)/20):   # 0부터 시작하여 소리 크기/20 만큼 반복
12          color1 = randint(0, 255)   # 0~255까지의 임의의 수 선정하여 'color1'에 저장
```

```
13    color2 = randint(0, 255)    # 0~255까지의 임의의 수 선정하여 'color2'에 저장
14    color3 = randint(0, 255)    # 0~255까지의 임의의 수 선정하여 'color3'에 저장
15
16    np[pixel_id] = (color1, color2, color3)    # 네오픽셀 np의 LED에 임의의 색 설정
17    np.show()                    # 네오픽셀 켜기
```

사용한 명령어 알아보기

import neopixel

• 네오픽셀을 제어하는 모든 명령을 사용하기 위한 모듈 호출

from random import randint

• random 모듈에서 사용할 randint 명령 호출

네오픽셀 제어 변수 = neopixel.NeoPixel(핀이름, LED 사용 개수)

• 네오픽셀 Din핀을 마이크로비트의 '핀이름'에 연결하고, 'LED 사용 개수'만큼 LED를 사용하며, 네오픽셀 제어명은 '네오픽셀 제어 변수'임을 의미함.

네오픽셀 제어 변수.clear( )

• 네오픽셀의 LED를 모두 끄라는 의미임.

변수 = randint(시작, 끝)

• 시작 값~끝 값 사이의 임의의 정수를 선정하여 변수에 저장함.

네오픽셀 제어 변수.show( )

• 네오픽셀의 LED를 켜라는 의미임.

결과를 확인해 볼까?

| 아래 항목대로 잘 작동하는지 결과를 확인해 봅시다.

외부 장치 연결 영상

소리 센서값이 20씩 변화할 때마다 네오픽셀 스트립의 LED가 한 개씩 켜지고 꺼집니다.

Q1 소리 센서값이 10씩 증가할 때마다 네오픽셀 스트립의 LED가 한 개씩 켜지나요? →

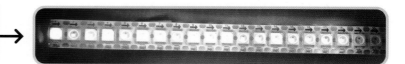

Q2 소리 센서값이 10씩 감소할 때마다 네오픽셀 스트립의 LED가 한 개씩 꺼지나요? →

소리 센서값의 변화에 따라 네오픽셀 스트립의 LED가 켜지고 꺼지나요?

내 실력 키우기 UP

온도 센서와 네오픽셀 스트립을 사용하여 온도가 높아질수록 켜지는 LED의 개수가 늘어나고, 온도가 내려갈수록 꺼지는 LED의 개수가 줄어드는 프로그램을 작성해 봅시다.

소스 코드

Tip 96쪽 온도 센서 제어하는 코드를 참고하세요!

네오픽셀 프로젝트

1 네오픽셀 왕관

네오픽셀 링에 아크릴을 부착하고, 펠트지와 핀으로 장식하여 근사한 왕관을 만들었습니다.

출처

2 이퀄라이저

LED 144개가 연결된 네오픽셀 스트립을 텔레비전 양 옆에 배치하고, 소리 센서가 감지한 값에 따라 LED가 켜지고 꺼지는 이퀄라이저입니다.

출처

3 크리스마스트리

다양한 크기의 네오픽셀 링을 간격을 두고 쌓아 크리스마스트리를 만들었습니다.

출처

4 자전거 헤드라이트

네오픽셀 링으로 버튼을 누르면 켜지는 헤드라이트를 만들어 부착하였습니다.

출처

PROJECT 21 거리 측정기

무엇을 만들까?

| 우리가 해결할 프로젝트를 알아봅시다.

💡 천장의 높이를 어떻게 측정할까?

나에게 리리라는 반려묘가 생겼습니다. 새로운 가족을 위한 캣 타워를 구매하려면, 우선 천장의 높이를 알아야 합니다. 바닥에서 천장까지의 높이를 어떻게 측정해야 할까요?

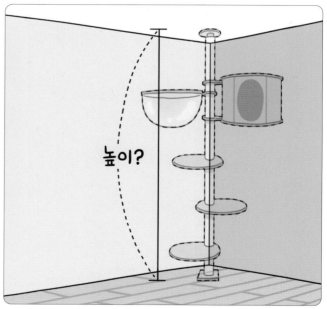

📃 초음파 센서를 이용하여 거리 측정기를 만들어 봅시다.

⏱ 소요 시간
- **가정**에서 개인이 할 경우: 30~40분
- **학교**에서 학급당 수업할 경우: 약 50분

어떤 부품을 사용할까?

| 프로젝트를 해결하기 위해 필요한 부품을 살펴봅시다.

💡 초음파 센서는 무엇일까?

초음파(Ultrasonic)는 음파의 한 종류로 사람이 들을 수 있는 영역보다 높은 주파수(20kHz 이상) 영역의 음파를 말합니다. 초음파 센서는 초음파를 발생시켜 어떤 물체에 부딪혀 반사되어 돌아오는 시간차를 계산하여 물체까지의 거리를 측정합니다. 측정 범위는 2cm~400cm입니다.

초음파 센서는 로봇 청소기, 주차 유도등 등 일상생활에서 다양하게 활용되고 있습니다.

▲로봇 청소기

▲주차 유도등

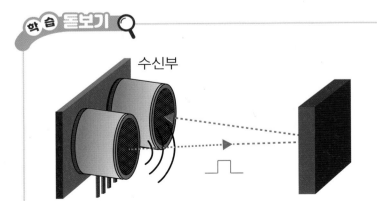

초음파 센서에는 스피커처럼 생긴 것이 두 개 달려 있는데, 한쪽은 송신부로 초음파를 발생시키고 다른 한쪽은 수신부로 물체에서 반사되는 초음파를 감지합니다.

💡 초음파 센서를 제어하려면 어떤 핀을 사용할까?

마이크로비트와 초음파 센서를 연결하려면 악어 클립 케이블과 점퍼 와이어(암-수)가 필요합니다.

준비물

마이크로비트　　　　　초음파 센서　　　　　건전지 케이스와 건전지

점퍼 와이어(암-수)　　　　　악어 클립 케이블

점퍼 와이어(암-수)와 악어 클립 케이블을 이용하여 아래와 같이 연결합니다.

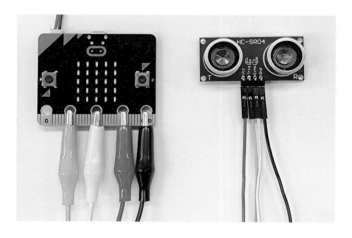

마이크로비트와 초음파 센서 연결 핀

마이크로비트	초음파 센서
1번핀	Trig(송신)
2번핀	Echo(수신)
3V	VCC
GND	GND

만약 초음파 센서가 작동하지 않는다면
USB 케이블로 마이크로비트와 컴퓨터를
연결하거나 보조 건전지를 연결하세요.
(교재 119쪽 참고)

어떻게 거리 측정기를 만들까?

| 자, 지금까지 배운 내용을 바탕으로 프로젝트를 해결해 봅시다.

거리 측정기는 다음의 과정을 반복하게 됩니다.

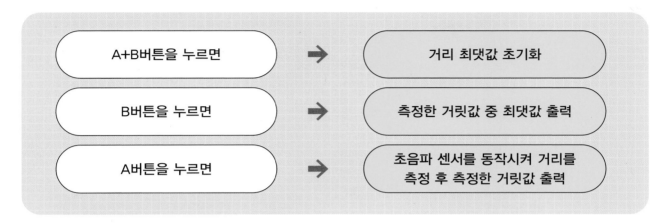

💡 알고리즘으로 표현해 볼까?

실제 프로그램을 작성하기 전에 알고리즘으로 표현해 봅시다. 실제 프로그래밍에서는 ①, ② 순으로 작성합니다.

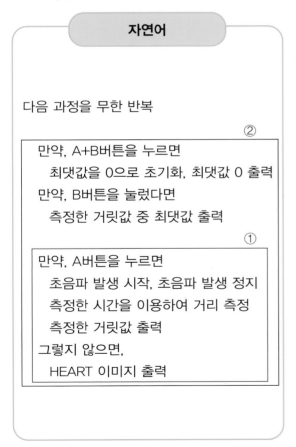

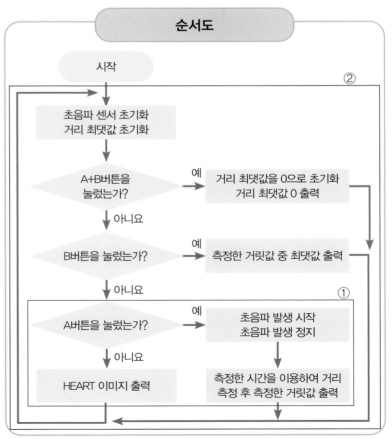

💡 프로그램을 작성해 볼까?

마이크로비트에 초음파 센서를 연결하고, 알고리즘에 따라 프로그램을 작성해 봅시다.

다시 짚고 넘어가기

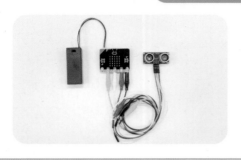

초음파 센서의 Trig, Echo, VCC, GND 를 순서대로 마이크로비트의 1번, 2번, 3V, GND 핀에 연결합니다.

작성한 알고리즘에서 먼저 ①에 해당하는 프로그램을 작성한 후, ②에 해당하는 프로그램을 순서대로 작성합니다.

① 거리 측정하고 출력하기

A버튼을 누르면 거리를 측정한 후 거릿값이 LED 디스플레이에 출력되도록 프로그램을 작성합니다.

아래와 같이 프로그램을 작성하고, 마이크로비트로 프로그램을 업로드해 봅시다.

```python
from microbit import *  #마이크로비트 모듈의 모든 명령 사용
from machine import time_pulse_us    #초음파 센서는 µs 단위로 펄스폭을 사용하므로
                                     #펄스의 시간 측정을 µs 단위로 반환받기 위해 모듈 호출
trig = pin1 #1번핀을 trig로 설정
echo = pin2 #2번핀을 echo로 설정

trig.write_digital(1)  #trig(pin1)과 echo(pin2)의 초음파 센서 초기화
echo.read_digital()
max = 0 #거리 최댓값 0으로 초기화

while True:
    if button_a.is_pressed():  #만약 A버튼을 누르면
        trig.write_digital(1)  #trig으로 초음파 발생 시작
        trig.write_digital(0)  #trig으로 초음파 발생 정지
        micros = time_pulse_us(echo, 1)  #펄스의 지속 시간을 µs 단위로 반환
        distance = micros / 58.3  #센티미터(cm) 거릿값을 distance 변수에 저장
        #time = 0.02 / 343 = 0.0000583 seconds, 1cm / 343000(cm/s) * 2(왕복 시간을 체크)
        display.scroll(str(int(distance)))  #LED 디스플레이에 거릿값 출력

    else:
        display.show(Image.HEART)  #초기 화면으로 LED 디스플레이에 HEART 출력
```

② 최댓값 초기화하기와 출력하기

A+B버튼을 누르면 거리 최댓값을 초기화하고, B버튼을 누르면 ①에서 측정한 거릿값 중 최댓값을 LED 디스플레이에 출력되도록 프로그램을 작성합니다.

①에서 작성한 프로그램의 11행부터 이어서 작성하고 마이크로비트로 프로그램을 업로드해 봅시다.

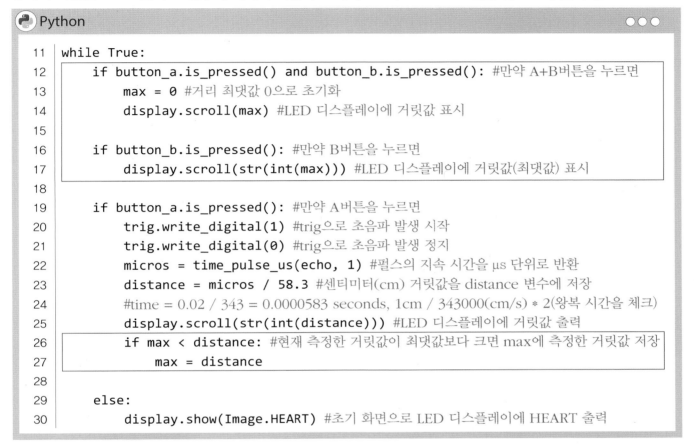

```python
11  while True:
12      if button_a.is_pressed() and button_b.is_pressed(): #만약 A+B버튼을 누르면
13          max = 0 #거리 최댓값 0으로 초기화
14          display.scroll(max) #LED 디스플레이에 거릿값 표시
15
16      if button_b.is_pressed(): #만약 B버튼을 누르면
17          display.scroll(str(int(max))) #LED 디스플레이에 거릿값(최댓값) 표시
18
19      if button_a.is_pressed(): #만약 A버튼을 누르면
20          trig.write_digital(1) #trig으로 초음파 발생 시작
21          trig.write_digital(0) #trig으로 초음파 발생 정지
22          micros = time_pulse_us(echo, 1) #펄스의 지속 시간을 μs 단위로 반환
23          distance = micros / 58.3 #센티미터(cm) 거릿값을 distance 변수에 저장
24          #time = 0.02 / 343 = 0.0000583 seconds, 1cm / 343000(cm/s) * 2(왕복 시간을 체크)
25          display.scroll(str(int(distance))) #LED 디스플레이에 거릿값 출력
26          if max < distance: #현재 측정한 거릿값이 최댓값보다 크면 max에 측정한 거릿값 저장
27              max = distance
28
29      else:
30          display.show(Image.HEART) #초기 화면으로 LED 디스플레이에 HEART 출력
```

사용한 명령어 알아보기

① 거리 측정하고 출력하기

  line 13

trig.write_digital(1)

- trig에는 pin1이 저장되어 있어 1번핀을 통해 HIGH(1)값을 출력, 즉 초음파 센서에서 trig을 통해 초음파를 발생시킴(참고로 LOW(0)값 출력은 초음파 발생을 멈춤).

  line 15

micros = time_pulse_us(echo,1)

- 초음파가 물체에 반사되어 되돌아온 시간(펄스의 지속 시간)을 마이크로초(μs) 단위로 micros 변수에 반환함.

결과를 확인해 볼까?

| 아래 항목대로 잘 작동하는지 결과를 확인해 봅시다.

Q1 A+B버튼을 누르면 최댓값이 초기화되어 LED 디스플레이에 0을 출력하나요? →

Q2 A버튼을 누르면 거리 측정 후 측정한 값을 LED 디스플레이에 출력하나요? →

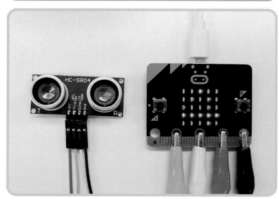

Q3 B버튼을 누르면 측정한 값 중 최댓값을 LED 디스플레이에 출력하나요? →

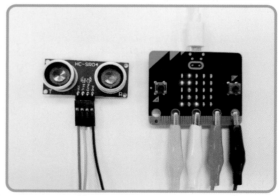

Q4 초기 화면 또는 대기 화면에 하트 이미지를 출력하나요? →

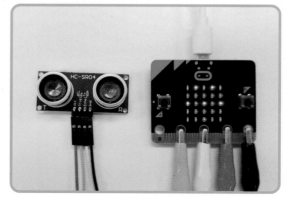

일상생활 속 초음파 센서 활용 예

초음파 센서를 이용하면 키를 재어 보거나 현재 위치에서 장애물까지의 거리를 측정해 볼 수 있습니다. 또한 대형 쇼핑몰의 주차장처럼 주차할 자리가 비어 있거나 주차되어 있을 때 LED 디스플레이로 이미지를 출력하여 알 수 있도록 주차 시스템을 구현해 볼 수 있습니다. 초음파는 소리를 전달하는 매개 물질의 밀도가 높을수록 잘 전달되므로, 인체 장기의 상태를 검사하거나, 깊은 해저 지형을 알아내는 곳에 사용되기도 합니다. 단, 매개 물질이 없는 진공 상태에서 또는 움직임이 많은 물질과의 거리는 측정하기 어렵습니다.

내 실력 키우기 UP

아래의 알고리즘과 같이 마이크로비트의 라디오 기능을 활용하여 프로그램을 완성해 봅시다.

Tip 주어진 알고리즘을 참고하세요.

송신기

수신기

알고리즘

- (송신기) A버튼을 눌렀을 때, (수신기) 거리 측정 후 측정값 표시
- (송신기) B버튼을 눌렀을 때, (수신기) 거리 측정 중지

데이터 기록기(data logger) 만들기

뉴마이크로비트에는 데이터 로깅(data logging) 하는 기능이 있습니다. 데이터 로깅은 시간 경과에 따라 데이터를 기록하는 것을 의미합니다. 특히, 과학 실험에서 환경 또는 물리적 데이터를 기록하는 데 유용하게 사용합니다. 예를 들어, 낙하하는 물체의 가속도를 측정할 때 짧은 시간 또는 장시간, 즉 하루 동안 소리 수준을 기록하거나 일주일 이상 온도 또는 빛의 밝기 수준을 기록할 수 있습니다. 기록된 데이터는 시각화하여 오류 및 이상치에 대처할 수 있는 등 다양하게 활용할 수 있습니다.

따라서 뉴마이크로비트의 빛, 온도, 자기, 가속 및 소리에 대한 다양한 내장 센서로 데이터 로깅하여 주변 환경 데이터를 직접 수집할 수 있습니다. 나아가 이러한 센서를 활용한 데이터 로깅은 데이터 기반 실생활 문제를 해결할 수 있습니다.

🔆 데이터 로깅 구현하는 방법

자동 데이터 로깅

아래의 예제는 5초 간격으로 뉴마이크로비트에 내장된 온도 센서, 마이크 및 빛 센서의 값을 기록하는 프로그램입니다. 참고로 기록 데이터는 뉴마이크로비트의 메모리 장치에 저장되는데, 가득차면 디스플레이에 오류 표시가 출력됩니다.

```
1   from microbit import *
2   import log    # 로그 모듈 가져오기
3   log.set_labels('temperature', 'sound', 'light') # 데이터 로깅의 필드명(열 이름) 설정하기
4
5   while True:
6       display.show(Image.HEART)    # 하트 이미지 출력하기
7       log.add({ # 온도 센서, 마이크 및 빛 센서의 값을 해당하는 열에 측정 데이터 항목으로 추가하기
8         'temperature': temperature(),
9         'sound': microphone.sound_level(),
10        'light': display.read_light_level()
11      })
12      sleep(1000)   # 1초 기다리기
13      display.clear()   # 디스플레이 지우기
14      sleep(4000) # 4초 기다리기
```

line 5 log.set_labels('temperature', 'sound', 'light', timestamp = log.HOURS)

• 옵션 중 타임스탬프(timestamp)는 MILLISECONDS, SECONDS, MINUTES, HOURS, DAYS 또는 NONE으로 형식을 설정할 수 있습니다. 위와 같이 log.HOURS는 '시간 단위'로 기록하도록 형식을 설정한다는 의미입니다.

수동 데이터 로깅

아래의 예제는 A버튼 누를 때마다 뉴마이크로비트에 내장된 온도 센서, 마이크 및 빛 센서의 값을 기록하는 프로그램이다.

```python
1   from microbit import *
2   import log      # 로그 모듈 가져오기
3
4   log.set_labels('temperature', 'light') # 데이터 로깅의 필드명(열 이름) 설정하기
5
6   while True:
7       if button_a.is_pressed():     # A버튼을 눌렀을 경우
8           display.show(Image.YES) # 디스플레이에 '예' 출력하기
9           log.add({   # 온도 센서, 빛 센서의 값을 해당하는 열에 측정 데이터를 항목을 추가하기
10              'temperature': temperature(),
11              'light': display.read_light_level()
12          })
13          sleep(500)   # 0.5초 기다리기
14  display.show(Image.NO)   # 디스플레이에 '아니요' 출력하기
```

버튼을 누르는 순간 여러 번 실행되는 것을 방지하기 위해 기다리기를 넣습니다.

💡 데이터 기록기 만들기

데이터 로깅을 시작하기 전에 먼저 다음을 계획하고, 계획을 바탕으로 순서대로 데이터 기록기를 만듭니다.

첫째, 어떤 데이터를 수집할 것인가?
둘째, 데이터를 얼마나 자주(빈도) 수집할 것인가?
셋째, 데이터가 수집되는 시점을 LED 디스플레이에 시각적으로 표시한다면 어떻게 할 것인가?
넷째, 데이터 로깅의 시작과 중지 시기를 어떻게 제어할 것인가?

① 데이터 로깅이 기록된 파일 확인하기

뉴마이크로비트로 데이터 로깅된 데이터는 파일로 기록됩니다. 기록된 데이터를 읽어오기 위해서는 먼저 뉴마이크로비트를 컴퓨터에 연결하고, MICROBIT 드라이브에서 'MY_DATA.HTM'을 열어 웹 브라우저에서 데이터를 보거나 스프레드시트에서 사용할 CSV 파일로 다운로드할 수 있습니다.

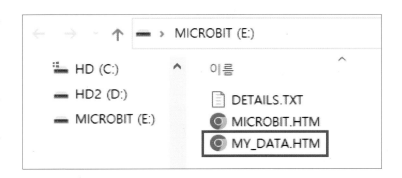

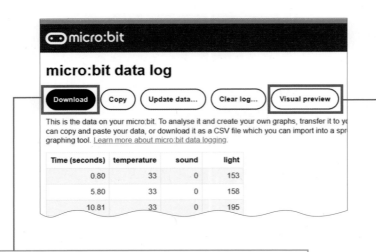

③ 데이터 시각화하기

[Visual preview] 메뉴를 클릭하면 데이터를 시각화해서 보여줍니다. 데이터 분석에 활용할 수 있습니다.

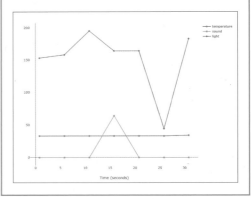

② 기록된 파일 열어 다운로드하기

'MY_DATA.HTM' 파일을 더블클릭하여 웹 브라우저에서 열면 〈그림〉과 같이 데이터가 포함된 페이지가 열립니다. 스프레드시트에서 사용할 CSV 파일로 다운로드하려면, [Download] 메뉴를 눌러 파일로 내려받습니다.

> ※ **업데이트 데이터를 확인하는 방법**
> 마이크로비트의 USB 케이블을 제거했다가 다시 연결하여 'MY_DATA.HTM' 파일을 열면 업데이트 된 내용을 확인할 수 있습니다.

💡 데이터 기록기로 실생활 문제 해결

데이터 로깅을 활용한 피지컬 컴퓨팅 시스템을 구상해 보면 다음과 같습니다.

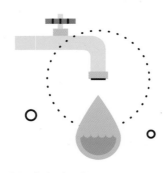

- **물 소비 모니터링 시스템**
  학교 내의 수도 사용량을 모니터링하고 기록하는 시스템을 구축한다. 학생들은 물 사용에 대한 인식을 높이고, 물 절약을 위한 방법을 찾아내는 데 도움을 받을 수 있다.

- **소음 모니터링 시스템**
  학교 내부의 소음 수준을 측정하고, 소음이 과도하면 경고를 발생시키는 시스템을 구축한다. 학생들은 조용한 환경의 중요성을 인식하고, 다른 사람들을 배려하는 태도를 함양할 수 있다.

- **식물 관리 시스템**
  학교 내에 있는 교내 정원이나 교실 내의 식물들을 관리하는 시스템을 구축한다. 온도, 습도, 조도 센서 등을 사용하여 식물의 성장 환경을 모니터링하고, 식물에 필요한 물과 영양분 공급을 자동으로 조절할 수 있다.

- **실내 공기 질 관리 시스템**
  학교 내의 각 교실이나 공용 공간에서 공기 질을 측정하고 기록하는 시스템을 구축한다. 이산화탄소 (CO_2) 또는 미세먼지 센서를 사용하여 실내 공기의 상태를 모니터링하고, 환기 시기나 공기청정기 동작을 제어하여 학생들의 학습 환경을 개선할 수 있다.

파이썬에 내장된 이미지

파이썬은 아래와 같이 다양한 이미지를 제공합니다. 아래 명령을 참고하여 직접 결과를 확인해 보세요.

형식　예: display.show(Image.HEART)

표정 및 감정

HEART (하트)	HEART_SMALL (작은 하트)	HAPPY (행복한 표정)	SMILE (웃는 표정)	SAD (슬픈 표정)	ANGRY (화난 표정)
CONFUSED (혼란스러운 표정)	ASLEEP (졸린 표정)	SURPRISED (놀란 표정)	SILLY (메롱)	FABULOUS (멋짐 폭발)	MEH (별로인 표정)

동물 및 곤충

BUTTERFLY (나비)	COW (소)	DUCK (오리)	GIRAFFE (기린)	RABBIT (토끼)	SNAKE (뱀)

사물

CHESSBOARD (체스판)	HOUSE (집)	PITCHFORK (포크)	ROLLERSKATE (롤러스케이트)	SWORD (칼)	TARGET (과녁)
TSHIRT (티셔츠)	UMBRELLA (우산)	XMAS (크리스마스트리)			

도형

SQUARE (사각형)	SQUARE_SMALL (작은 사각형)	TRIANGLE (삼각형)	TRIANGLE_LEFT (직각삼각형)	DIAMOND (다이아몬드)	DIAMOND_SMALL (작은 다이아몬드)

ARROW_E (동쪽)	ARROW_N (북쪽)	ARROW_NE (북동쪽)	ARROW_NW (북서쪽)	ARROW_S (남쪽)	ARROW_SE (남동쪽)
ARROW_SW (남서쪽)	ARROW_W (서쪽)				

시계

CLOCK1 (1시)	CLOCK2 (2시)	CLOCK3 (3시)	CLOCK4 (4시)	CLOCK5 (5시)	CLOCK6 (6시)
CLOCK7 (7시)	CLOCK8 (8시)	CLOCK9 (9시)	CLOCK10 (10시)	CLOCK11 (11시)	CLOCK12 (12시)

ALL_CLOCKS (12시~11시까지 차례대로 출력)

기타

GHOST (유령)	YES (√)	NO (x)	MUSIC_ CROTCHET (4분 음표)	MUSIC_QUAVER (8분 음표)	MUSIC_ QUAVERS (8분 음표 2개)
PACMAN (팩맨)	SKULL (해골)	STICKFIGURE (막대 그림)			

Tip 파이썬에서는 영문 대문자와 소문자를 구분합니다. 따라서 대문자를 소문자로 잘못 작성하면 마이크로비트 LED 디스플레이에 다음과 같이 표시됩니다.

"Line x(오류 발생 위치) Attribute Error type object 'MicroBit Image' has no attribute."

―― 자르는 선   ----- 접는 선

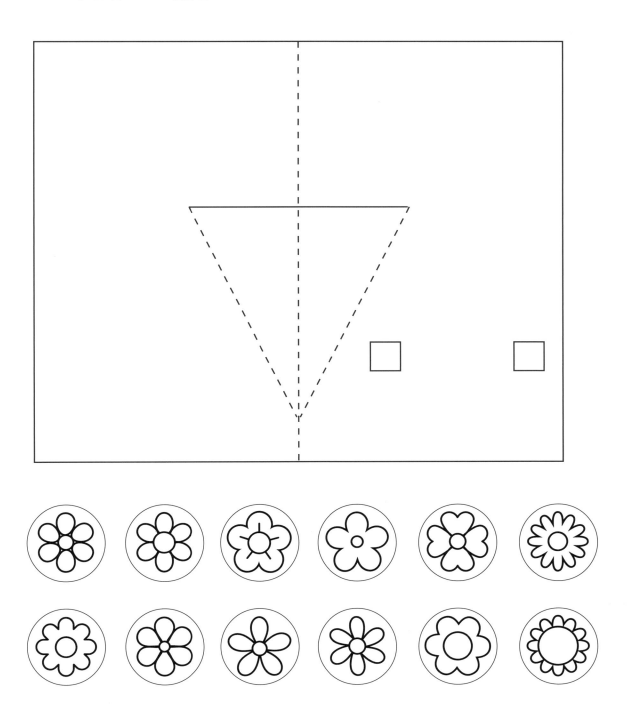

—— 자르는 선   ----- 접는 선   ⬛ 풀칠하는 면

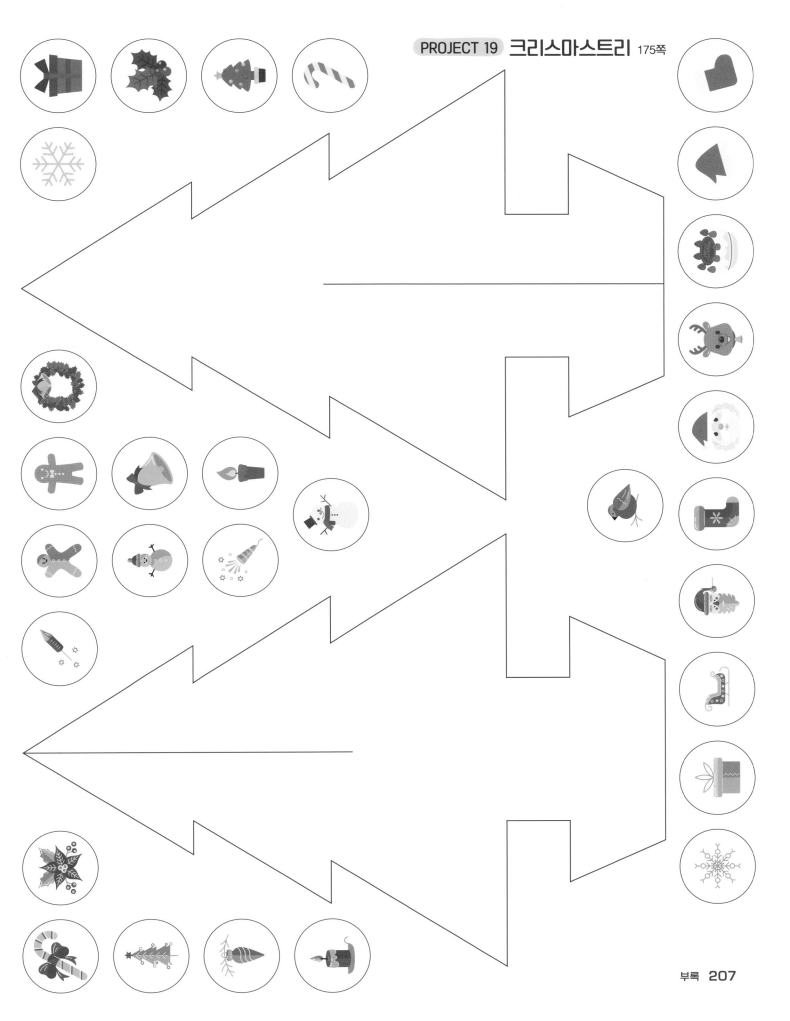